Confianza en su hijo

Confianza en su hijo - Una guía parental para niños
felices y resilientes

Escritores: Mitzi y Jørgen Svenstrup
Editor: Anne Albrecht
Diseño gráfico y la ilustración: Meta Emilie Hansen
Traducción: Eunice Riveros Letelier

Impresión y distribución por IngramSpark -
Lightning Source en 2017

ISBN: 978-87-999747-4-0

Jørgen y Mitzi Svenstrup

CONFIANZA
EN SU HIJO

Una guía parental para niños felices y resilientes

Para Amelina

Nos haces tan feliz, ¡porque tú eres tú!

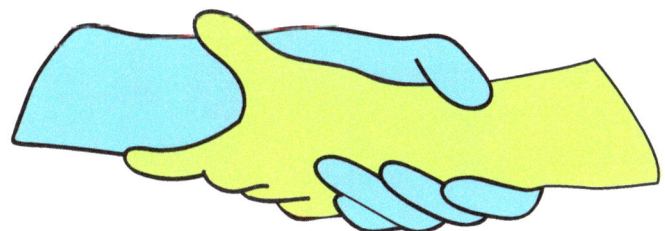

Contenido

LOS HABITOS DEL CORAZÓN   06

Prólogo de Charlotte Guldberg,
presidente, el Consejo Nacional de la Infancia, Dinamarca

UN CAMBIO DE VIDA   10

Nosotros hacemos lo mejor que podemos   12
Simplemente no es suficiente -
 es por eso que escribimos este libro   13
¿Un niño maravilloso?   15
¡Rompe las reglas!   17

DALE A TU HIJO POSIBILIDADES   22

Decisiones de antemano   24
Creencias fundamentales   26
¡Eso es lo que soy!   29
¡Soy tan lento!   31
¿Qué creencias tiene tu hijo?   34
¿Qué hacer acerca de creencias fundamentales?   36

ENFOQUESE EN LO QUE USTED QUIERE 42

Hay espacio para influencias positivas 44
Ha hipnotizado a su hijo por años 51
Siempre tenemos una opción 59
Los errores son grandiosos 63
Obtienes en lo que pones atención 67
Frases positivas 71
Dile a tu hijo lo que va a ocurrir 73
Valores 78
Su hijo construye su propia vida 83

DALE A SU HIJO MÁS RESPONSABILIDAD EN LA VIDA COTIDIANA 88

Encanto, confianza y ¿quién soy exactamente? 90
Internamente conducido o externamente contralado 92
Responsabilidad, propiedad y confianza 95
¿Cuándo estoy cansado, papá? 98
Una persona que siente el mundo 101
Estrategias de paternidad fundamentales 105
Propiedad 109
Haz lo que te decimos 112
Confianza 117
No abusar del uso del ego 119

MANEJAR LOS CONFLICTOS DE BUENA MANERA 122

El triángulo del drama 124
Salir de la sombra del triángulo 132
Cuando eres secuestrado por sus emociones 135
Conflictos 138
La intención positiva 141
Presencia completa 144
Cómo comenzar 147
Hacemos lo mejor que podemos - Parte II 150

LOS HÁBITOS DEL CORAZÓN

**Prólogo de Charlotte Guldberg,
presidente, el Consejo Nacional de la Infancia, Dinamarca**

Los niños son la sonrisa más grande de la familia, entonces ¿Qué tan difícil puede ser? Como padres, repetidamente nos preguntamos a nosotros y a otros esta pregunta, especialmente cuando se trata de garantizar una existencia dinámica y creíble para nuestros hijos en medio del ocupado día a día ¿Qué provisiones prácticas y psicológicas necesitamos para experimentar y percibir la paternidad como una oportunidad de inversión de oro?. Esto es lo que los capítulos de este libro tratan.

La paternidad es natural y diversamente arraigada en aplicaciones prácticas, la negociación y la reconciliación del balance del poder. Sobre de todo, es acerca de relaciones y conexiones emocionales, donde el estilo de apego, la historia personal, la reciprocidad y la confidencialidad son de gran importancia. ¿Cómo podemos crear un equilibrio entre estas, cuando también somos responsables de gestionar el bienestar y el desarrollo de nuestro hijo?

Una cosa es cierta, si nos permitimos ser positivamente afectados por el algunas veces complejo proceso de interacción, entonces hay un grandioso beneficio adicional esperando por nosotros. Obviamente, esto puede ser extremadamente desafiante para la familia moderna, requiere el ajuste de expectativas y ser padres es un gran punto de cambio en la vida de cualquiera, Incluir una pequeña persona en el marco de las relaciones adultas pueden ser lo suficientemente complicado para muchas personas, ya que los motivos de las personas están siempre presentes y luchando para ganar. Los Flujos de comunicación entre los miembros de la familia, los deberes y las responsabilidades están constantemente presentes y deberían ser coherentes; actitudes y valores necesitan ser probados, interpretaciones lanzadas y las intenciones discutidas, todo mientras lo inesperado aguarda.

Podrías estar casi tentado a pensar que la paternidad no es para principiantes.

Afortunadamente, este no es el caso. Este libro ilustra que la vida, como parejas y familias, es más fácil y más agradable si practicamos ambas, nuestra habilidad de ser influenciados por el niño y nuestra capacidad de aceptar el derecho del niño a influenciar .

Como un antiguo proverbio indio dice, se trata de intentar "caminar una milla en los mocasines del otro".

Este libro trata acerca de caminar mano a mano con tu hijo, dejando que el niño sienta que "yo, tu padre, estoy contigo, y aprecio quien tu eres." Está lleno de instrucciones de cómo y por qué es importante unirse en este viaje.

El autor se centra de manera positiva en el entendimiento inmersivo, el cual es obtenido por el respeto de la situación del niño. Él recomienda que nosotros como adultos, hagamos el esfuerzo de pensar acerca de estar en la situación del niño, un escenario distinto del que existe en nosotros los adultos. Para los adultos, el deseo de familiarizarse con el escenario del niño viene a través de explorar sus caminos e historias; compartiendo tiempo juntos, mostrando interés en las iniciativas del niño y siguiéndolos en nuestras acciones. Esta es particularmente una buena idea en relación para prevenir conflictos y colapsos recurrentes.

La empatía, sentir al otro y la presencia física parecen ser algunas de las fuerzas impulsoras detrás de la creación de un atajo a un niño feliz.

Jørgen Svenstrup lidera el camino en el desarrollo de opciones de apoyo, el cual siempre puede ser encontrado a través del manejo reflexivo de los sentimiento y emociones de nuestro niños. Con el conocimiento de nuestros sentimientos, aumentamos la posibilidad de interactuar con el niño desde la propia perspectiva del niño y no solamente de la interpretación del adulto de la perspectiva del niño. Eso es una diferencia significativa.

En otras palabras: toma a tu niño enserio. Confía en tu niño.

Nuevo conocimiento desde el área de la organización y gestión transferidas elegantemente a la paternidad. Recibimos instrucciones para cómo nosotros como padres, podemos enriquecer la vida diaria en nuevas maneras, incluyendo anticiparse a trampas comunicacionales. Al mismo tiempo, el libro ofrece herramientas diseñadas para ayudarnos a crear un ambiente de aprecio y cariño que pueda ayudarnos a hacer seguimiento y regular nuestras fuertemente invertidas emociones en nuestro círculo de familia .

A través de inclusión mutua, cohesión y participación en las creencias del niño, sus sentimientos y sentido común pueden crecer de la mano con nosotros a través de su niñez. Las consecuencias positivas son evidentes, y uno de los más grandes misterios de la vida - un completamente nuevo mundo se abre a nosotros cuando nos convertimos en padres - es un regalo ser presentado con la visión del autor de cómo la paternidad puede ser fortalecida.

El estrés cotidiano de un estilo de vida ocupado puede enceguecernos, que nuestros niños reciban lo mejor que tenemos para ofrecer, debemos practicar nuestra capacidad de amar a diario. Afortunadamente, el libro también proporciona instrucciones para esto.

¿Dar y recibir amor se siguen naturalmente el uno al otro? Es indiscutiblemente un fuerte componente para una buena infancia. Por lo tanto, el libro es primeramente acerca de lo que yo llamaría Los hábitos del corazón; acciones las cuales aseguran una existencia digna y una influencia en nuestra propia vida, día tras día.

Los niños llevan sus experiencias con ellos hacia la adultez, y a través de la interacciones con otras personas, se entrenan ellos mismos en ser comprendidos en relaciones sociales; interpretando, comprendiendo y respetando los sentimientos propios y ajenos y las opciones de comportamiento.

Las competencias emocionales y sociales pueden ser practicadas. Ocurre a diario en la familia. Este libro proporciona entrenamiento de conciencia en la empatía y toma de decisiones, e inmediatamente abre la oportunidad de dar al niño una mayor conciencia de si mismo y entendimiento de cómo las emociones afectan a sí mismos y a otros. A través del proceso de participación democrática, el niño aprende a asumir responsabilidad y contribuir constructivamente a la comunidad, tanto dentro como fuera de la familia.

Los autores comparten, voluntaria y abiertamente, desde sus propias experiencias como padres, por medio de destacar áreas claves de las vidas de los niños. Ellos tocan acerca de las profundas preguntas existenciales e introducen posibilidades que pueden ayudar al fortalecimiento de la paternidad.

Los niños son diferentes y tienen necesidades diferentes, recursos y preferencias. Eso está dentro de su pleno derecho. Se hace énfasis una y otra vez en este libro. Por lo tanto, el pensamiento positivo particular de este libro, estrategias de paternidad e instrucciones prácticas son altamente recomendadas.

Los niños aceptan con corazones abiertos.

Charlotte Guldberg,
Presidente,
The National Council for Children, Dinamarca.

UN CAMBIO DE VIDA

Lavar el cerebro de su hijo - ¿Por qué no? ¡lo hace de todos modos!

Usted necesita una licencia de conducir para conducir un automóvil, una licencia de caza para cazar y una licencia de perro para tener un perro. Pero usted no necesita ningún título o certificado para tener hijos aparte de su concepto y suposiciones acerca de la paternidad. Afortunadamente, la mayoría de nosotros tenemos alguna idea de lo que se tarda en hacer una buena vida diaria para nuestros hijos.

No obstante, con frecuencia nuestros sentimientos y elecciones inconscientes nos impide hacer lo mejor para nuestros hijos. Podemos estar tan estresados que estamos dispuestos a perder los estribos. Estamos tan atrapados en los quehaceres del día a día: La comidas para llevar, fechas de juegos, los deberes y el tratamiento para la pediculosis, que estamos demasiados ocupados para estar presentes en el momento, nosotros no reflexionamos sobre lo que estamos haciendo. Nos olvidamos de involucrar a nuestros hijos, darles posesión de sus propias vidas y a escuchar su versión del mundo. Y sobre todo, nosotros, sin saberlo, aunque con la mejor de las intenciones, le lavamos el cerebro a nuestros hijos la mayoría de las veces de manera inapropiada.

Nuestros hijos significan lo máximo para nosotros, pero, sin darnos cuenta, frustramos su bienestar más favorable. Queremos erradicar esto. Por lo tanto, este libro es la presentación de nuestra filosofía EmpoweMind Trainig. EmpowerMind Trainig puede, con un poco de esfuerzo, lograr un gran cambio para su hijo. Ahora y para el resto de su vida.

Nosotros hacemos lo mejor que podemos

Como los autores de este libro, tenemos la firme creencia de que cada padre alrededor del mundo hace lo mejor que puede para ayudar a sus hijos a tener un buen comienzo en la vida. Creemos que esto también se aplica a usted. Esta es la premisa de *confianza en su hijo*.

Además, creemos que podemos seguir mejorando nuestras habilidades de crianza, sin tomar más tiempo, emitir más CO_2 no cuesta ni un centavo. Estamos convencidos de que nosotros como padres, y con un esfuerzo relativamente pequeño podemos hacer una gran diferencia en la forma en que somos con nuestros hijos. Todo lo que se requiere en nosotros es tomar atención de lo que realmente estamos haciendo y diciendo a ellos.

Tan pronto como inicie el viaje con este libro se verá así mismo, a su hijo y a su familia con una nueva luz ""

Como padres, no tenemos ningún deseo de sentirnos culpables, particularmente, no por algo que debiéramos o no debiéramos haber hecho. Esperamos y buscamos oportunidades en la crianza de nuestros hijos. Déjese inspirar por los consejos de este libro y tome de el lo que usted siente es útil para usted.

Una vez que se vuelve consciente de todas las hipótesis y creencias que tienen acerca de sus hijos y su familia, usted también será consciente de las oportunidades para reducir los conflictos sobre cuestiones tales como hacer los deberes, ir a dormir y comer verduras. En resumen, horas de bruja son reemplazadas con ver cara a cara con su hijo, lo que le permite dar a su niño las mejores oportunidades para triunfar en el complejo mundo que les espera.

Tan pronto como inicie el viaje con este libro, se verá así mismo, a su hijo y a su familia con una nueva luz. O simplemente puede decorar su mesita de noche ...

Simplemente no es lo suficientemente, por eso que escribimos este libro

La idea de *confianza en su hijo* vino a nosotros a través de nuestro trabajo de desarrollo personal con los adultos, para el cual hemos desarrollado y seguimos utilizando una nueva técnica, basada en la última neuro-investigación y una mezcla de coaching, psicología positiva, entrenamiento mental, la programación neurolingüística (PNL) y la hipnosis.

Esta técnica se llama "minding". Es una mezcla potente, que influye tanto en la mente consciente e inconsciente (mente). Estos principios, junto con nuestras experiencias e investigaciones en este campo, forman la "mentalidad" de este libro.

Somos los fundadores y propietarios de *EmpowerMind* en Dinamarca, que ofrece cursos de coaching con una reconocida certificación internacional (International Association of Coaching Institutes, ICI), coaching y minding para líderes, gerentes, empleados y personas que deseen desarrollarse profesionalmente y/o personalmente.

Hemos trabajado con líderes por más de 20 años y tenemos un enfoque particular en los procesos de desarrollo a largo plazo.

UNA VENTAJA INESPERADA

En el entrenamiento de coaching o minding es raro que los participantes adquieran nuevos conocimientos y herramientas solo para su vida laboral, especialmente porque el proceso es mucho más sobre el desarrollo personal, que puede ejercerse en cualquier parte: en el trabajo, en la crianza de los hijos, en nuestras relaciones, en los comités, en el equipo de fútbol, etc.

La experiencia nos ha demostrado que aquellos participantes, que también son padres, reciben un bono inesperado, una revelación: se dan cuenta que haciendo pequeños cambios en la crianza de sus hijos, pueden lograr cambios reales tanto a corto como a largo plazo. No tanto por el coaching o minding a sus hijos directamente, sino mediante el ajuste de su "control" sobre sus hijos y realizar un pequeño cambio en su comportamiento hacia ellos.

Este libro no es, obviamente, la verdad definitiva, sino que es una manera de compartir nuestro conocimiento y experiencia de lo que funciona para las personas en un proceso de desarrollo. Si aumenta su conciencia de cómo interactuar con su hijo en la vida cotidiana, pensamos, encontrará que el resto seguirá automáticamente.

Nuestra filosofía es que debemos hacer participar a nuestros hijos en lugar de solo educarlos. Creemos que los niños son independientes, piensan y sienten individualmente.

No solo son mini copias de nosotros mismos que debemos plantear en nuestra imagen y de acuerdo a nuestro inconsciente.

Debemos involucrar a nuestros hijos en lugar de sólo educarlos 99

Estamos muy inspirados por el concepto de participación infantil en lugar del concepto más tradicional de crianza. La particularidad de este libro es que hemos adaptado los principios más actuales dentro de la neuro-investigación, liderazgo y desarrollo personal, a fin de que puedan ser utilizadas en relación con su hijo.

¡Funciona para Mitzi, Amelina y yo! ¡Imagínese si funciona para usted y su hijo!

¿Un niño maravilloso?

Podrás leer muchas historias cotidianas sobre niños y adultos en el libro. Una persona a la que conocerá consistentemente es a nuestra hija Amelina, a Mitzi y a mi también, compartimos ocasionalmente anécdotas de nuestra vida.

Amelina no pretende de ninguna manera ser un representante de todos los niños (daneses), ya que no creemos que haya dos hijos iguales o que sus condiciones familiares sean exactamente iguales.

Utilizamos ejemplos cotidianos de Amelina para mostrar lo que el coaching y minding de los niños puede traer consigo, el concepto de participación, cuando se aplican de la forma más coherente posible.

Cuando lees las historias sobre Amelina, puedes elegir creer que no va a funcionar con tu hijo, ¡o puedes elegir creer que funcionará!¡La decisión es tuya!

Sí, Amelina es una niña maravillosa. ¡Así es tu hijo! Porque son nuestros hijos.

Por otro lado, no somos padres maravillosos. De vez en cuando "tenemos suficiente" y gritamos a nuestros hijos después de haber dicho lo mismo mil veces. Y tendemos a olvidar que es lo más importante para nosotros, como cuando nos enfrentamos a una bandeja de entrada de correos electrónicos sin respuesta. Pero estamos trabajando constantemente para mejorar tanto como padres y como personas.

Tendemos a olvidar lo que es realmente más importante para nosotros. "

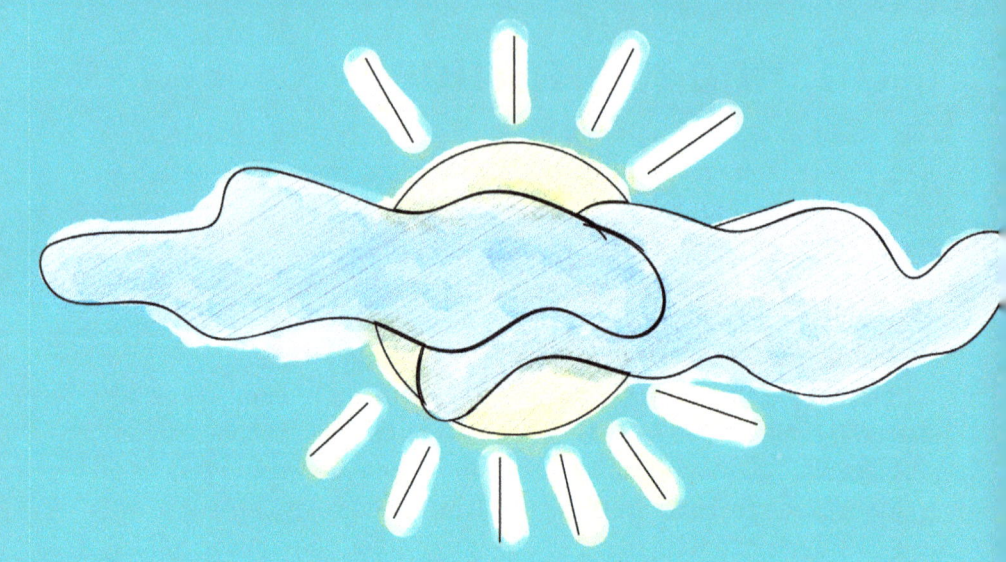

**El problema
con el sentido
común y los
sentimientos,
es que pueden
nublar nuestro
juicio.**

¡ROMPE LAS REGLAS!

Tan pronto como Mitzi y yo tuvimos Amelina, la abrazamos y la vimos como un proyecto. Que tal vez suena bastante frío y clínico, pero no lo es.

Los proyectos siempre han sido tareas complejas. Les lanzamos todo nuestro amor y energía a ellos. Es así como vemos nuestro papel como padres. Es el proyecto más grande de nuestra vida y, por lo tanto, demasiado precioso para manejarlo descuidadamente.

Al mismo tiempo, generalmente es un problema para la sociedad contemporánea que los padres han empezado a ver a sus hijos como proyectos. Según los expertos es esa la única razón más grande para que nuestros niños sean egocéntricos, estropeados y no tomando en cuenta a otros. Esto se debe a que nosotros como padres, ponemos demasiado énfasis en nuestros deseos para nuestros hijos, lo que a menudo lleva a los padres y con la mejor de las intenciones a eliminar los obstáculos encontrados por sus hijos en sus caminos.

Los expertos nos han llamado padres rizados, padres helicópteros, o simplemente padres modernos. Les preocupa que los niños no sean capaces de lidiar con la adversidad porque no llegan a experimentarla y, por lo tanto, no están preparados para lidiar con ella cuando inevitablemente se enfrentan a ella más adelante en la vida. En resumen, el resultado de la sobreprotección de los padres deriva en niños frágiles.

La realidad es que nos hemos convertido en parte de una sociedad orientada hacia proyectos y es impensable que en el futuro no veamos a nuestros hijos como proyectos.

Por lo tanto, no se trata de luchar por el desarrollo de la sociedad, sino de crear las mejores condiciones para que nuestros hijos lo hagan bien, a pesar de su bien intencionado trabajo de "padres" de los padres.

Imagínese si nosotros como padres, ¿pudiéramos hacer un trabajo fantástico en nuestro proyecto de crianza?. Es por eso que necesitamos dar un paso atrás desde la paternidad y mirar críticamente lo que nuestro papel como padres, o como líderes de proyecto contiene y, a continuación reemplazar todo lo que no nos beneficia o a nuestros hijos, con algo que sí lo haga.

En otras palabras: ¡es hora de limpiar la paternidad!

En este libro, ofrecemos dos herramientas principales para la limpieza de la paternidad, y pueden ser las dos herramientas más importantes.

LA PRIMERA HERRAMIENTA: LAVAR EL CEREBRO DE SU HIJO

Por supuesto, sabemos que la palabra "lavado de cerebro" evoca connotaciones terribles para la mayoría de la gente, y desde la primera edición de este libro en Dinamarca hemos conocido miles de padres furiosos que nos han preguntado ¿cómo podemos decir tal cosa?. La única cosa que tienen en común es que aún no han leído el libro. Si lo hubieran hecho, sabrían lo que hacemos todos los días desde el día en que nació nuestra hija. Nosotros le lavamos el cerebro a nuestros hijos de la manera más eficaz y manipuladora que podemos imaginar: declarando y repitiendo un número increíblemente alto de suposiciones y creencias en nuestro rol como la autoridad más grande en la vida del niño ¡ser el padre del niño!

Y por lo tanto, debemos advertirle desde el momento en que lea este libro, que usted quizás para siempre, prestará atención a lo que dice a su hijo. Es a través de su lavado de cerebro subconsciente que ellos son quienes son para bien o para mal.

Quizás aquí reside parte de la razón por la que los Daneses han sido llamados las personas más felices del mundo durante varios años. ¿Y si en Dinamarca nos hemos vuelto mejores en los últimos años en el lavado de cerebro de nuestros hijos? Nuestro problema es que lo hacemos de todos modos, así que podríamos hacerlo bien. Estamos deseando compartir esto con ustedes en la primera parte del libro.

LA SEGUNDA HERRAMIENTA: DEJE QUE EL NIÑO SEA EL EXPERTO

Como padres, podemos y todavía nos beneficiamos del sentido común y los sentimientos. La mayoría de los niños lo hacen muy bien a pesar de todos los obstáculos que involuntariamente les ponen los padres por delante, la familia, los amigos, los profesores y los educadores. Y no hay duda de que estos obstáculos vienen con la mejor de las intenciones. El problema con el sentido común y los sentimientos es que pueden nublar nuestro juicio.

El sentido común puede, en cierta medida, ser el sentido común, la razón y la experiencia de otros, basado, quizás, en suposiciones y creencias que alguna vez fueron correctas, pero que ahora están obsoletas o ya no encajan en nuestras vidas. Los sentimientos a menudo son correctos, pero incluso nuestros propios sentimientos pueden impedirnos hacer lo correcto. De esta manera podemos - sin saberlo - ser el mayor obstáculo para el bienestar de nuestro hijo.

Tal como lo vemos, sólo hay un experto aquí: el niño.

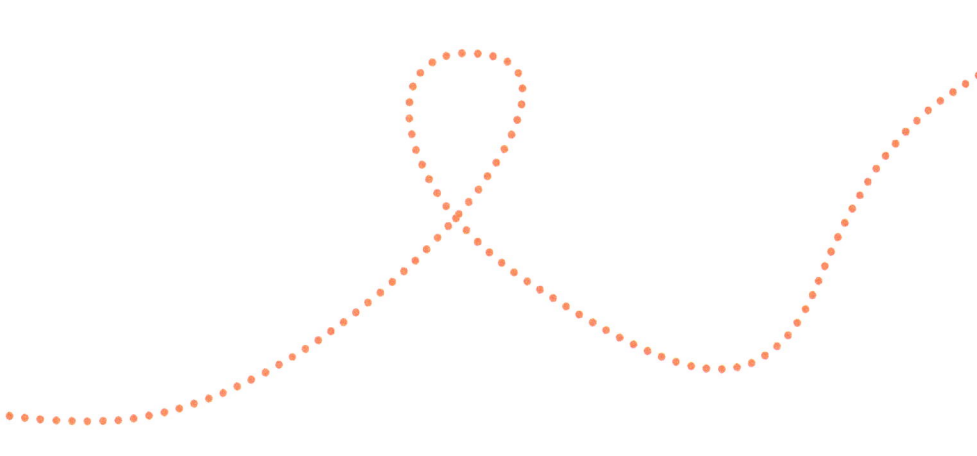

DAR A LOS NIÑOS UNA MEJOR CONDICION MENTAL

En nuestra opinión, la tarea primaria de un padre es permitir que su hijo cumpla su papel de experto lo más rápidamente posible. Una vez que el niño es el experto de su propia vida un alto grado de libertad sigue naturalmente, pero esto viene con la responsabilidad.

Eso no significa que nosotros, como padres, debemos abstenernos de establecer límites. Pues, en nuestra opinión, lo mejor que podemos hacer es ser claros en el establecimiento de límites para nuestros hijos. Igualmente importante es que respetamos los límites de nuestros hijos. De lo contrario, no respetarán nuestros límites ni los de otras personas. Si superamos sus límites una y otra vez, les enseñamos que esto está bien. Y definitivamente eso no está bien en cualquier relación.

Es vital que tengamos límites claramente definidos dentro de los cuales nuestros hijos puedan actuar libremente.

No es diferente de la actual filosofía de coaching y liderazgo, que se basa en la premisa de que si las personas se desarrollan y se convierten en su mejor yo, entonces debemos destacar el campo de juego con algunas banderas de esquina muy precisas y visibles o simplemente soplar el silbato .

Cuanto mayor sea el campo de juego, más fuerza mental y física se requiere para mantener la pelota en juego. Así que el truco es expandir el campo de juego en sintonía con el desarrollo mental del niño.

La condición mental de un niño no puede medirse, pero podemos obtener una lectura de estado clara y relativamente precisa al mover las banderas de las esquinas un poco más allá de lo que creemos que pueden manejar y ver lo que sucede. Si el niño prospera entonces están listos para algo más. Si el niño es inseguro o confuso, entonces las banderas de la esquina necesitan ser ajustadas de nuevo. El niño no está "dañado" por esto. De hecho, es mucho peor tener un campo de juego demasiado pequeño! Esperamos expandir esto para usted en la segunda parte del libro.

El truco consiste en ampliar el campo de juego en sintonía con el desarrollo mental del niño.

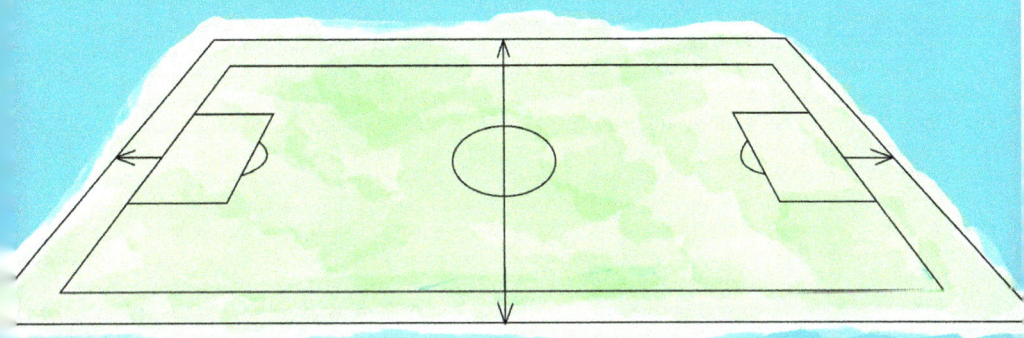

DELE A SU HIJO POSIBILIDADES

Marie tiene dificultades con las matemáticas. Emma siempre es lenta. August se enoja fácilmente, Albert es desordenado, y Josephine siempre ha sido un niño problemático ...

Todos los días nuestros niños están expuestos a creencias limitantes en los comentarios y observaciones despectivos, "inocentes" que hacemos sobre ellos. Estas declaraciones forman la percepción de nuestros hijos de sí mismos. Además, es muy probable que estos comentarios se conviertan en profecías autocumplidas.

En esta sección, nos enfocaremos en todas las cosas inconscientes que influyen en nuestros hijos. Mitzi y yo les mostraremos cómo identificar lo que no es constructivo y lo que casi con seguridad conduce a conflictos en la vida cotidiana. Al mismo tiempo, le guiaremos en la sustitución de las creencias limitantes por otras de apoyo que mejorarán la autoestima de su hijo.

DECISIONES DE ANTEMANO

Cuando Amelina tenía cuatro años y medio de edad, decidimos, con el jardín de infantes, que estaba lista para comenzar la escuela después de las vacaciones de verano.

Esta fue una decisión inusual ya que los niños generalmente comienzan la escuela a los 7 años en Dinamarca. Como Amelina era cuatro meses más joven que el segundo niño más joven, se le pidió que fuera a una evaluación de tres días en la clase actual de infantes, para que los maestros pudieran evaluar si estaba o no preparada. Y como comenzar la escuela es uno de los grandes eventos no sólo en las vidas de los niños, sino también en las vidas de sus padres, esos tres primeros días escolares fueron, naturalmente, algo que discutimos mucho. También discutimos el cuidado de no elevar las expectativas tan altas que presionaran a Amelina.

La noche antes de que Amelina comenzara la escuela de evaluación de tres días, le preguntamos, después de su historia de acostarse:

¿Cómo crees que te sentirás en la escuela mañana?"

Amelina pensó por un momento y respondió: "Creo que voy a ser tímida."

"Está bien," contestó Jørgen, añadiendo: "¿Cuánto tiempo quieres ser tímida?"

Estaba claro que Amelina estaba un poco sorprendida por esto, mientras miraba a Jørgen, preguntándose, y dijo, después de una larga pausa: "¡Voy a estar tímido durante una hora!"

"¿Cómo te sentirás cuando ya no seas tímida?" preguntamos.

Amelina se iluminó y dijo alegremente: "Me divertiré".

"Eso suena bien", dijimos - y luego hablamos de otras cosas.

Un poco más tarde en la conversación, Amelina se detuvo repentinamente en medio de una frase y dijo: «¡No, sólo estaré tímida durante diez minutos!».

¿Y entonces te divertirás después? - preguntó Mitzi, mientras Amelina asintió afirmativamente.

Jørgen tuvo el placer de llevar a Amelina a la escuela en el gran día. En el camino, le preguntó de nuevo cómo pensaba que se sentiría, cuando conociera a todos los nuevos niños que eran mayores que ella. Amelina pensó por un momento y respondió que había decidido no ser tímida, sino simplemente divertirse todo el día y jugar con todos ellos.

LOS PADRES SON UN POCO LENTOS PARA PERCIBIR

Tenía un nudo apretado en el estómago camino a casa, habiendo dejado a nuestra niña en un aula con 22 niños a quienes ella no conocía.

Por la tarde, cuando fuimos a recoger a Amelina, no pudimos encontrarla. Finalmente la encontramos jugando con tres chicas mayores, ¡y ella se resistía a volver a casa!. En el camino a casa, le preguntamos cómo había sido su primer día en la escuela. Amelina nos miró con tolerancia y dijo:

"Fue muy, muy divertido, y jugué con todos los niños y hice un montón de nuevos amigos".

Era obvio que ella pensaba que la pregunta era un poco tonta, ya que ella había expresado claramente esa mañana cómo se sentiría y cómo iba a pasar el día, no era la primera vez que se daba cuenta de que sus padres pueden ser un poco lentos para entender.

Tres días más tarde, no fue una sorpresa para nosotros cuando la maestra de clase nos dijo con entusiasmo que no había duda de que Amelina estaba lista para ir a la escuela.

Algo que nos hizo pensar fue que otra niña comenzó la escuela de evaluación de tres días junto con Amelina. Pudimos ver que ella inconscientemente había "elegido" ser tímida los tres días y, por lo tanto, no se le permitió comenzar la escuela hasta el año siguiente.

Esta historia es importante para nosotros porque es un buen ejemplo de cómo nosotros como padres, con unas cuantas herramientas podemos crear grandes e importantes cambios para nuestros hijos. Cambios que tienen consecuencias positivas durante toda la vida. Les presentaremos estas herramientas a lo largo del libro.

CREENCIAS FUNDAMENTALES

Nuestras vidas están cementadas con todo lo que hemos pasado y nuestras experiencias, buenas y malas. Todo esto forma nuestras creencias básicas que usamos para la orientación y la navegación en la vida. Se podría decir que son las reglas que seguimos. Algunas creencias son conscientes, como cuando Jørgen decidió que olería el pescado antes de comerlo, después de que una vez comió pescado apestoso y se enfermó! Otras creencias son inconscientes. Y la experiencia de Jørgen con un pez maloliente podría haberle provocado que no le gustara el pescado, sin que él fuera conscientemente consciente de lo que le había hecho tomar esa "decisión".

El cuerpo o el cerebro crea una decisión sensible inmediata basada en la experiencia. Las experiencias significativas o determinantes que tenemos como hijos, a menudo nos llevan a creencias inconscientes porque nosotros, como niños, no somos necesariamente capaces de conectar nuestras experiencias con decisiones conscientes.

Afortunadamente, no conocemos el futuro, pero la historia del primer día de escuela de Amelina puede resultar en que Amelina continúe eligiendo la estrategia de divertirse al conocer gente nueva. Con suerte, pasará por la vida sin timidez y con una apertura para conocer gente nueva. La otra niña pudo haberse ido a casa con una decisión muy diferente.

UNA OBSERVACIÓN INCONSCIENTE, PERO UN EFECTO ENORME

La decisión inconsciente de aquella niña de ser tímida no era propicia para que comenzara la escuela, pero tal vez su decisión dependiera de que ella se cuidara a sí misma. Puede haber sido la intención positiva de niña de elegir la timidez.

Vamos a tratar de imaginar una situación en la que la niña está sentada en compañía de sus padres y sus amigos. Imaginemos a los padres diciendo a sus amigos que su hija debe esperar un año para ir a la escuela, "como siempre es tan tímida".

Una observación tan inocente puede ser desastrosa. Cementa la decisión inconsciente de la niña de elegir la timidez como una estrategia, especialmente cuando viene de la autoridad más alta de todas: los padres. Se asegura claramente que la niña escogerá la timidez la próxima vez que se encuentre en tal situación, pues "ella siempre es tan tímida!"

Por lo tanto, ella puede pasar por la vida tímida para conocer gente nueva con todos los inconvenientes que esto pudiera causar.

Ahora este escenario es, por supuesto, una mera hipótesis, porque no conocemos el resto de la historia de la niña, pero a través de nuestro trabajo, por ejemplo, para ayudar a los adultos a superar su timidez, generalmente encontramos que la timidez empieza en una etapa muy temprana de la vida; Muy a menudo, debido a un solo hecho, que en aquel momento no parecía particularmente significativo, pero que desde entonces ha sido cimentado de manera tan definitiva, una y otra vez, que se ha convertido en una parte definitiva de la identidad de la persona.

El mensaje clave aquí es que las cosas que le decimos a nuestros hijos tienen un impacto abrumador en su desarrollo y vida futura. En nuestro viaje a través de este libro, compartiremos más ejemplos, que también podría reconocer de su vida como padre. Los examinaremos en profundidad y revelaremos los efectos adversos que pueden tener.

Finalmente, le daremos un poco de información sobre lo que puede decir y hacer en su lugar.

Las cosas que les decimos a nuestros hijos tienen un gran impacto en su desarrollo.

¡Eso es lo que soy!

¡Estás tan desordenado!
¡Nunca comen nada!"
¡Siempre llegas tarde!
¡Eres terrible en matemáticas!
¡Nunca haces lo que te decimos!
¡Siempre gritas tan fuerte!
¡Tú eres muy travieso!"
¡Comes como un cerdo!
¡Siempre estás tan enojado!

Las creencias abundan alrededor de nosotros. Vienen en dos variedades: las de apoyo y las limitantes. Afortunadamente, tenemos muchas creencias de apoyo. Ellas son las que nos aseguran que lograr lo que queremos y actuar adecuadamente en las diferentes situaciones de la vida.

Es su propia conciencia y las decisiones sobre qué creencias queremos que nuestros hijos tengan, que son cruciales para lo que creen obtener nuestros hijos. El trabajo de poner estas decisiones en práctica vienen después de esto. Les mostraremos cómo hacerlo más adelante en el libro.

¿DE DÓNDE VIENEN?

Nuestras creencias a menudo provienen de nuestras propias experiencias o de otras y, típicamente, nuestros hijos heredan sus creencias tanto de sus padres como de otras figuras de autoridad en sus vidas. Algunas creencias son más divertidas que otras.

Cuando éramos niños, nos dijeron que teníamos que esperar una hora después de haber comido antes de que pudiéramos ir a nadar. Recientemente, Jørgen estaba enseñando en Chile y aprendió que también tienen esta regla, excepto que tienen que esperar una hora y quince minutos. El único problema con esta creencia es que es falsa. No hay ninguna razón relacionada con la salud en cuanto a por qué usted debe esperar a ir a nadar después de una comida.

Se trata de una creencia antigua, aparentemente internacional, que ha sobrevivido durante décadas y ha llevado a niños, en todo el mundo, sentados en las playas, sudando, mientras esperan para poder ir a divertirse en el mar. La creencia puede haber surgido porque en los tiempos antiguos un niño se ahogó después de comer, o tal vez, es porque el papá sólo quiere tomar una siesta después del almuerzo, no lo sabemos, pero usted mismo puede conocer esta creencia y haber practicado con sus hijos.

Una parte central de este libro trata de cómo podemos identificar las creencias limitantes a las que tanto nosotros como nuestros hijos estamos expuestos todos los días y cómo podemos reemplazarlos con creencias de apoyo, lo que puede hacer la vida mucho más fácil para nuestros hijos. Nuestros hijos pueden crear sus propios obstáculos en sus propias vidas ¡no nos necesitan para ayudarles a crear ese equipaje!

¡Soy tan lento!

En un momento durante el tiempo en Amelina estuvo en la clase de infantes, Mitzi y yo fuimos informados por la maestra de clase de que Amelina era a menudo la última en vestirse después del gimnasio. Tal vez esto era porque ella era más joven que los demás y, por lo tanto, fácilmente se distraía, por ejemplo, una mosca pasó volando por su percha. O tal vez no.

Cuando le hablamos a Amelina, ella exclamó: "¡Sí, soy siempre tan lenta!"

Tal opinión hizo sonar nuestra alarma de la creencia (del mismo modo que irá con usted también, cuando usted haya terminado su viaje con este libro). Ahora no es un desastre tomarse su tiempo para vestirse después del gym, excepto que desafía la paciencia del profesor de gimnasia. Pero de repente nos dimos cuenta de que habíamos observado que Amelina era lenta en comer su comida. Puede que no hayamos dicho que pensamos que era lenta en comer, pero le habíamos mostrado que eso era lo que pensábamos.

Los niños son tan dotados que no sólo escuchan cada palabra que decimos (aunque a menudo pensamos que no), sino que también "escuchan" todo lo que no decimos, todo lo que expresamos en nuestro lenguaje corporal, las expresiones faciales y así probablemente, sin saberlo, ayudamos a plantar una creencia limitante sobre la lentitud en Amelina. Una creencia que podría resultar un problemas en el futuro.

¿Quién no recuerda a los de la clase, que eran siempre "más lentos" que los demás en todo?, No era debido a músculos débiles o inteligencia inferior; Más bien a la creencia de que "¡eso es lo que soy!"

¿QUÉ TAN RAPIDO TE GUSTARIA SER?

A partir de ese día hicimos varias cosas de manera diferente. Primero, estábamos muy conscientes de no mostrar ni decir a Amelina de ninguna manera que ella era lenta en cualquier cosa. Además, desafiamos su creencia emergente en tres maneras diferentes, pero simples y efectivas.

La primera oportunidad se presentó un día, cuando Amelina iba a la escuela y dijo:

-"Oh, hoy tenemos gimnasio y siempre soy la última en vestirme".

-"Oh", dijo Mitzi, y añadió: "Bueno, si pudieras elegir, ¿qué tan rápida te gustaría ser?"

-"Amelina se iluminó y dijo que ella sería la más rápida!"

-"De acuerdo, ¿qué es lo que te impide ser la más rápida? -preguntó Mitzi, casualmente."

-"El hecho de que los demás no apaguen las duchas, así que tengo que hacerlo yo, y por lo tanto los otros ya se visten cuando empiezo a vestirme".

¡Eso fue todo! La primera información importante se obtuvo: un extraño inocente estaba causando algo que se estaba convirtiendo en una creencia limitante intrínseca.

Ese problema con las duchas se podía resolver de muchas maneras sin violar el sentido del deber de Amelina. Juntos hicimos un plan para que Amelina pudiera asegurarse de que las duchas estaban apagadas y ser las más rápidas en vestirse.

La segunda oportunidad se presentó unos días después:

-"Siempre soy tan lenta", dijo Amelina mientras se ponía los zapatos. A pesar de haber resuelto la situación de vestirse en el gimnasio, la creencia todavía estaba allí. Tenía su propia vida, al igual que muchas de nuestras creencias. Se fundan a causa de una necesidad, pero no se eliminan necesariamente cuando la necesidad desaparece.

CUANDO SE EXCEDE LA FECHA DE VENCIMIENTO

Probablemente tenga algunos alimentos que no te gustan. Y entonces un día, usted come esa comida por cortesía y descubre que realmente sabe muy bien. La razón es que, en algún momento de tu vida, haz probado un alimento (como el queso de cabra) que no te gusta, ya sea por la preparación, la consistencia o tal vez por el desarrollo de sus papilas gustativas en ese momento. Inmediatamente, se creó una creencia que "no me gusta el queso de cabra". Pero la cocina, la textura y las papilas gustativas cambian y, por lo tanto, podrías quizás comer un queso de cabra diferente un mes después con un resultado diferente en lugar de comerlo diez años más tarde. La mejor fecha antes de las creencias puede ser fácilmente superada.

Las creencias básicas fueron buenas para nosotros el día en que fueron fundadas, pero nos "olvidamos" de "sacarlas de la nevera" después de que excede su fecha de vencimiento.

Así era como Amelina podía ser la primera en vestirse después del gimnasio, pero todavía creía que ella era "siempre tan lenta". Tuvimos que desafiar eso, y así cuando ella estaba a punto de ponerse los zapatos y decir que ella era siempre tan lenta, le preguntamos, "Entonces, ¿en qué estás rápida?"

Amelina nos miró, irritada, pero pudo ver el elemento competitivo en la pregunta, así que antes de ponerse los zapatos y atados, ya había encontrado una respuesta: era rápida en correr, aprender números, comer helado y en la captura de ranas.

Ahora sólo teníamos que preguntarle qué elegiría para creer: que ella era lenta o que en realidad era rápida.

Amelina pensó por un momento y luego respondió: -"Bueno, entonces seré rápida"

Una nueva resolución, significó que una nueva creencia fue fundada, y hoy, años más tarde, Amelina todavía cree que ella es rápida en todo.

¿QUÉ CREENCIAS TIENE TU HIJO?

Las creencias limitantes vienen en muchas variedades y formas, y todos tenemos muchos de ellas. En general, hay dos tipos:

♦ El comportamiento relacionado, como "Nunca hago nada bien", "Siempre llego tarde" y así sucesivamente ...

♦ La identidad de base, como "Estoy desordenado", "Soy malo en los idiomas" y así sucesivamente...

La basada en la identidad puede ser particularmente desafiante, ya que percibimos nuestras creencias como verdades. ¿Y quién no ha experimentado lo difícil que es cambiar a una persona que dice "Eso es lo que soy"?

El hecho es que las creencias no son verdades; Son nuestras mejores conjeturas como verdades. Cuando comprendemos esto, nos damos cuenta de que hay otras verdades. Nos da la oportunidad de elegir qué "verdad" controlará nuestras vidas en el futuro.

Hay algunas técnicas muy simples, que podemos utilizar para identificar las creencias y para hacer frente a las creencias limitantes de nuestros hijos.

> El hecho es que las creencias no son verdades; son nuestras mejores conjeturas como verdades. "

Sin embargo, debemos señalar que, como regla general, no es tarea de los padres eliminar o alterar las creencias de los niños. Esa es una batalla en la que podemos fácilmente ser derrotados, ¡porque esas creencias son de ellos! Como lo vemos, hay mucho más en la paternidad responsable que simplemente el deber de desafiar las creencias de nuestros hijos.

Los niños deben tener la oportunidad de elegir si quieren mantener esas creencias que tienen o si van a hacer nuevas que sean más apropiadas para ellos. Y creemos completamente que nuestros hijos son capaces de hacer tal elección.

ENCUENTRE LOS PREJUICIOS DE SU HIJO

El primer paso es tomar conciencia de lo que son las creencias y creer que pueden ser cambiadas. La primera vez que apoya a sus hijos en cambiar una creencia de una limitante a una de apoyo, sus hijos tienen una experiencia que les dice que es posible cambiar una creencia. Usted encontrará que es mucho más fácil hacerlo de nuevo.

Es esencial que usted sea capaz de identificar las creencias básicas cuando las escucha.

Aquí hay algunas cosas que usted necesita saber para escuchar cuidadosamente porque las creencias básicas emergen por sí mismas:

Absolutos: "Siempre estoy ..." o "Nunca ..."

♦ No declaraciones: "No puedo ..." o "No soy ..."

♦ Posición: "son estúpidos ..." o "es difícil ..."

♦ Prejuicio: "las chicas dicen cosas estúpidas o "los profesores no me escuchan"

♦ Generalizaciones: "todos los chicos ..." o "siempre estás ..."

Y si preguntas, "¿Qué te impide ...?", en relación con algo que a su hijo le gustaría lograr entonces la respuesta de su hijo es, por definición, también una creencia central limitante.

Si no lo ha pensado antes, dirija su atención a las declaraciones lingüísticas anteriores de sus hijos (y otros). Usted encontrará rápidamente que una parte sustancial de la comunicación entre las personas en realidad consiste en declaraciones de creencias básicas.

Y si usted considera que cualquiera de estas declaraciones puede resultar en creencias que podemos llevar a través de la vida, entonces probablemente será fácil para usted imaginar cuántos obstáculos pueden llegar a estar en el camino de su hijo.

Afortunadamente, ¡es fácil cambiar las creencias limitantes a las de apoyo una vez que las hemos identificado!

¿QUÉ HACER A CERCA DE LAS CREENCIAS FUNDAMENTALES?

A medida que lee los ejemplos del primer día de escuela y los problemas de ropa de gimnasia, sólo requiere una simple pregunta o declaración de usted para darle a su hijo la sensación de que la creencia central no es la verdad final y, por lo tanto, puede Ser cambiado si el niño quiere que sea.

Hay varias maneras de lidiar con las creencias de su hijo. Usted encontrará que una vez que haya tenido alguna práctica con los diferentes enfoques, no tendrá ninguna duda en cuanto a qué método es el mejor para la situación con su hijo.

La cuestión fundamental es desafiar la creencia central, que es a menudo lo contrario de lo que elegimos hacer.

De hecho, básicamente tenemos dos estrategias normales, pero inconscientes, de cómo lidiar con las afirmaciones básicas de creencias de nuestro hijo, y ambas son contraproducentes.

Una estrategia que utilizamos, por ejemplo, cuando un niño es lento en vestirse por la mañana es decirle, "¡Date prisa!" Esto sólo confirma la creencia en el niño de que son lentos, y, por tanto, contribuye a mantener las creencias limitantes.

TIEMPO DE CAMBIAR LA ESTRATEGIA

A menudo, la segunda estrategia es decir: "¡Siempre eres tan lento!" Aparte de esto mantener la creencia limitante en el niño, simultáneamente extiende la creencia de que la única manera de lidiar con vestirse por las mañanas es usar lo absoluto, "siempre". A menudo se dice con gran autoridad y un poco de irritación, lo que hace hincapié en la gravedad de la misma. El resultado es que decimos al niño que son lentos en todas las facetas de la vida.

Por lo tanto, es necesario cambiar la estrategia, y aquí es cómo:

♦ **Conocimiento de cuán increíblemente importantes son las creencias para el bienestar de su hijo**

♦ **Conciencia de las declaraciones del niño en la vida cotidiana.**

♦ **Conciencia de cómo se siente en la situación, por lo que en lugar de usar su viejo hábito, usted decide decir y hacer las cosas de manera diferente**

♦ **Conocimiento de cómo maneja las declaraciones de su hijo**

Puede manejar las declaraciones del niño usando cualquiera de las siguientes herramientas..

REPETIR EL ARGUMENTO

You can challenge the statement by literally repeating the limiting core belief clearly, so the child hears what they said. This way the child learns awareness of their habitual thinking. It is important that you do not say it as an emphasis of the child's statements, but more with a wondering or questioning tone.

Las creencias fundamentales funcionan como profecías auto-cumplidas.

REPLANTEAR LOS LÍMITES

Puede desafiar estas afirmaciones centrales de creencias "reframing". Reformular significa mover el marco, los límites. De esta manera el niño puede ver las cosas desde otra perspectiva.

Por ejemplo, si el niño dice: "Siempre soy tan lento", entonces una manera de volver a encuadrar es preguntando: "¿Cuándo no eres lento?" O "¿cuándo eres rápido?"

En primer lugar, obliga al niño a cambiar la perspectiva de la limitación a la de apoyo, ya que el enfoque se mueve a situaciones en las que el niño es rápido. En ese momento, cuando el niño ha identificado tales situaciones, es una idea de que "yo soy siempre tan lento" no es cierto.

Tal vez usted puede ayudar a su hijo diciendo, "Bueno, antes de decir que siempre fueron lentos. Ahora me estás hablando de todo lo rápido que eres. ¿Cómo tiene sentido que siempre seas lento?"

Otro poderoso efecto es preguntar "¿Cuándo eres rápido?" Es que contiene una suposición positiva. Al formular la pregunta de esta manera, le revelamos al niño que asumimos que hay cosas en las que el niño es rápido, y dejamos que el niño las descubra.

Nosotros, como padres, queremos crear suposiciones positivas para nuestros hijos, para demostrarles que creemos en ellos. Sin la suposición positiva y el elemento de apoyo, la pregunta sería algo así: "¿Hay algo en que usted es rápido?" A lo que el niño probablemente responderá no, porque "Siempre soy lento" es la creencia principal.

Otros ejemplos de "reframing" son:

♦ **"Ninguno de los otros me gusta!"** - **"¿Quién te quiere?"**

♦ **"¡No soy bueno en nada!"** - **"¿En qué eres bueno?"**

♦ **"¡Peter siempre es tan molesto!"** - **"¿Cuándo es agradable?"**

DECLARACIONES DE DESAFIO

Puedes desafiar declaraciones preguntando: "¿Cómo sabes eso?" Normalmente se puede hacer esto con prejuicios como "definitivamente será aburrido" o "está garantizado que esté enojado". La respuesta donde el niño sabe esto, podría fácilmente ser, "porque él siempre es" - pero entonces usted está listo con un replanteamiento.

Usted desafía esta declaración con la pregunta: "¿Cuándo no fue así?" Este es un replanteamiento que se puede utilizar en otras circunstancias. Requiere un poco de práctica.

Usted puede, por ejemplo, utilizarlo para absolutos o como la respuesta a la pregunta "¿qué te impide ...?" Por ejemplo:

Niño: "Siempre llego tarde."
Adulto: "¿Cuándo no llegas tarde?"
Niño: "Em ... en la escuela."
Adulto: "Entonces, ¿cómo tiene sentido eso? Siempre llegas tarde, pero llegas a tiempo para la escuela?"

Usted puede conocer algunos de estos clásicos, subconscientemente; Tendemos a tratar con ellos con una exhalación exasperada. Ejemplos incluyen:

"No puedo recordar" y "No sé".

RECORDAMOS MÁS DE LO QUE PENSAMOS

Cuando Amelina tenía sólo dos años, le mostramos algunos de los árboles de nuestro jardín. Le dijimos cómo se llamaban. Seis meses más tarde, le señalábamos un árbol característico en el jardín y le preguntábamos qué clase de árbol era. Amelina contestaba automáticamente que no podía recordar. La desafiamos con una pregunta enmarcada: "¿Qué pasaría si estuviéramos jugando un juego donde pudieras recordar qué tipo de árbol es?" Amelina estaba, por supuesto, lista para el juego, y ella respondió después de un rato de silencio "cereza", que era absolutamente correcto.

Aquí tenemos una creencia limitante básica que es bastante prevalente, a saber, la sensación de que no podemos recordar las cosas, que simplemente no recordamos o que pensamos que no recordamos. Una vez que hemos decidido que no podemos recordar, entonces está claro que no lo recordamos, porque las creencias básicas funcionan como profecías auto-realizables.

El cerebro es lo suficientemente inteligente como para dejar de tratar de recordar desde ese momento cuando nos decimos a nosotros mismos y a los demás que no recordamos.

ES MEJOR TENER UNA OPCIÓN

Desde nuestro trabajo con la hipnosis, es nuestra firme creencia y experiencia que realmente podemos recordar todo lo que ha sucedido en nuestras vidas. Sólo se almacena en el disco duro porque no hay suficiente RAM, pero como está en el disco duro, se puede encontrar nuevamente. Eso es toso lo que la hipnosis es. Pero no necesita ser hipnotizado para encontrar cosas que pensó que había olvidado. Cuando desafiamos al "no recuerdo" (con moderación, de lo contrario podría ser bastante molesto para el niño), entonces le damos al niño la sensación de que puede recordar algo, muy bien de hecho, y que, por supuesto, puede ser gratificante en todos los aspectos de la vida, no menos en la escuela.

La filosofía básica cuando se trata de trabajar con nuestros hijos y sus creencias es que creemos que es mejor tener una opción que no tener una opción. Al desafiar las creencias básicas de nuestro niño cuando las escuchamos, le damos al niño la sensación de que tienen una opción y, por lo tanto, podemos elegir una creencia que las apoye sobre una que no. Eso solo puede crear un enorme cambio positivo en la trayectoria de la vida del niño.

En la próxima parte del libro, exploraremos cómo podemos usar activamente las creencias básicas de apoyo en nuestras relaciones con nuestros hijos.

ENFOQUESE EN LO QUE USTED QUIERE

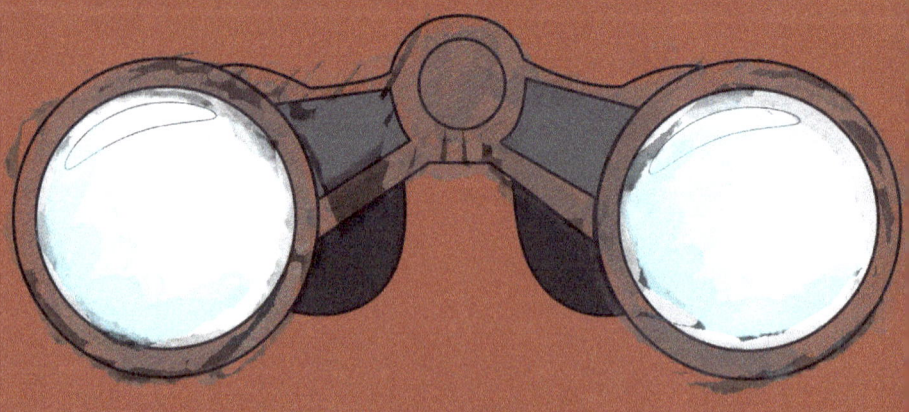

Llegas a casa exhausto de un día bastante difícil en el trabajo. Usted piensa rápidamente en sí mismo: simplemente no será capaz de hacer frente si los niños están de mal genio, peleando por todo, desde donde sentarse en la mesa a la hora de la cena y quién va a tomar un baño temprano,

¡El problema es que conseguimos exactamente lo que elegimos enfocar!

Siempre tenemos una opción, y por lo tanto, siempre puede optar por centrarse en el lado positivo de las cosas. Cuando el niño más chico, bastante molesto, golpea los huevos en el piso de nuevo, piensa en él más bien como una indicación positiva de que están dispuestos a ayudar con la cocina.

A menudo somos muy rápidos en decirles a nuestros hijos lo que no deberían hacer y lo que no queremos. Si en cambio tratamos de que nuestros hijos sepan lo que queremos, entonces podríamos, con muy poco esfuerzo, criar a los niños a que estén motivados en lugar de desalentados por las cosas.

Y cuándo los niños están motivados? cuando saben exactamente lo que quieren, a menudo se benefician de lograr sus objetivos. Esto es lo que impulsa a sus hijos, jóvenes o viejos.

HAY ESPACIO PARA INFLUENCIAS POSITIVAS

En el capítulo donde introdujimos el concepto de creencias básicas, escribimos varias declaraciones que a menudo oímos a los padres decirle a sus hijos. Tales declaraciones, inconscientes siguen siendo autoritarias y, por lo tanto, pueden limitar al niño. Si no se supervisan y se repiten con frecuencia, los padres a menudo pueden llevar al niño a adoptar la creencia de los padres: seguramente se puede ver que a través de la repetición y se le dice "estás desordenado", la creencia de los padres se cimentará en el niño. El pobre entonces no tiene otra alternativa que ir a través de la vida que se caracteriza como "desordenado", y pronto los profesores, los pediatras, otras personas significativas y finalmente los esposos también confirmarán este rasgo, haciendo entonces la declaración una verdad absoluta!

De la misma manera, y con la misma eficacia, usted, el padre, puede elegir dar a sus hijos influencias positivas, así como creencias de apoyo para llevarlas a lo largo de la vida, y estas se vuelven fundamentales para su éxito futuro. Después de todo, ser desordenado no es en última instancia o el peor rasgo a adoptar, pero qué pasa cuando un niño piensa: "¡Soy inútil!"

Dar el regalo de creencia fundamental de apoyo es divertido. Entonces ¿Por qué no empezar hoy?

HAY OTRA VERSIÓN DE LA REALIDAD

Ahora usted probablemente está pensando que ningún padre nunca podría llamar a su hijo inútil, pero pueden y lo hacen! De hecho, cuando trabajamos con adultos a menudo nos encontramos haciendo estas declaraciones. Si nosotros, los autores, realmente pensamos en nuestra propia infancia, uno de nosotros tenía un maestro de alemán que era inflexible y decía que éramos incapaces de aprender el idioma. El otro fue "enriquecido" por las creencias de un profesor danés que pensaba que era mejor permanecer sin educación. Sin mencionar el incidente de un médico danés que afirmó que tenía una lesión de rodilla relacionada con el esquí, remendada en un pequeño hospital italiano local, haría que uno de nosotros no pudiera bailar de nuevo. Tales ejemplos de afirmaciones negativas siguen y siguen.

Hoy, cuando nos encontramos hablando en alemán, bailando y graduándose de todo tipo de programas educativos, nuestros paradigmas han cambiado. Las situaciones nos han permitido mirar más allá de la realidad impuesta por tales declaraciones despectivas.

> ¿Qué autoridades ha conocido en su vida que le han dado esos "pequeños regalos" en forma de suposiciones limitantes?

Dar el regalo de creencias básicas de apoyo es divertido y beneficioso, y usted puede ver rápidamente los resultados directos de sus esfuerzos. ¿Por qué no empezar hoy?

¡ERES TAN BUENO EN ESO!

Como se mencionó anteriormente, los padres deben dar a los niños el regalo de las creencias básicas de apoyo para llevarla con ellos a lo largo de la vida. No sólo forman pautas conductuales, sino que también representan la verdad para el niño, de la misma manera que lo hacen los comentarios despectivos. Sin embargo, cuando hablamos de dar feedback de apoyo es importante mirar el tema de "alabanza", ya que es completamente otra cosa.

Cuando nosotros, como padres, abuelos, pediatras o maestros, alabamos a un niño, diciendo, por ejemplo, que su dibujo es grande, de hecho estamos instigando la reacción del niño.

Lo que sigue es que el niño dibuje inmediatamente otra imagen para recibir más elogios. Cuando un niño ha sido elogiado por una acción particular diez veces al día durante años, pronto se identifica con una acción en lugar de su propio ser. Por lo tanto, el niño corre el riesgo de tener alta confianza pero baja autoestima.

El día en que el niño, ahora adulto ya no reciba ningún reconocimiento por sus acciones, su confianza tendrá un impacto, y el ahora adulto puede ir por la vida con un problema de autoestima, a menudo resultando en un gran número de patrones y condiciones poco saludables.

Lo que usted puede elegir decir a su hijo en lugar de alabanza, cuando vienen a usted con un dibujo bastante indescifrable, es:

"Es tan agradable ver cuánto te gusta dibujar."
"Realmente puedo ver cuánto trabajo has puesto en esto."

Si usted prueba esta técnica mañana, usted puede notar que las palabras se sienten extrañas y artificiales en su boca. Podemos asegurarle que este sentimiento es temporal, y usted pronto se acostumbrará a comentar sobre los dibujos y acciones de su hijo de esta nueva forma, fortaleciendo así su identidad. El niño, por consiguiente, asociará sus palabras a una sensación, más que a una reacción.

Ahora usted puede pensar que todos los niños deben ser alabados, y no se preocupe, que será ... Trate de notar cuánta gente da a su hijo elogios desde los abuelos a los maestros. Verá que esta estrategia le llevará a lograr un equilibrio entre la alabanza que mejora la confianza y el reconocimiento positivo que fortalece la identidad y nutrirá la autoestima.

En el corto plazo, la alabanza es de hecho una forma de una afirmación positiva y de apoyo, pero a largo plazo puede actuar como una limitación. Por lo tanto, es importante elegir cuidadosamente sus declaraciones positivas para apoyar la autoestima de su hijo y no sólo la confianza en sí mismo.

CREEMOS EN EL BIEN

Hemos elegido dos tipos de creencias de apoyo para Amelina: aquellas que creemos que apoyan la buena vida y las que creemos negará con el tiempo, las creencias limitantes que hemos encontrado en Amelina.

Creencias de apoyo :

♦ Se aprende rápidamente
♦ Usted es un niño inteligente
♦ Se puede aprender todo
♦ La vida es buena
♦ La vida es fácil
♦ Creemos en la buena

Las creencias básicas de Amelina para negar creencias limitantes:

♦ Usted es tan rápido en vestirse
♦ Eres bueno recordando
♦ Cada día puede ser un buen día
♦ Elige tu estado de ánimo

Cuando Amelina comenzó en el primer grado, se embarcó en uno de los proyectos más grandes de la vida: aprender a leer. Aprender a leer es vital para todos los futuros aprendizajes y para la expresión oral y escrita y la comunicación. En otras palabras, mientras hablamos de aprendizaje y profesionalidad, es difícil encontrar algo más importante.

Como la mayoría de los niños, Amelina pensó que era divertido y emocionante comenzar su exploración en las letras y las palabras. Sin embargo, extrañamente sólo algunos niños siguen pensando que es emocionante, mientras que el resto pierde el interés.

¡LAS PALABRAS LARGAS SON LAS MÁS FÁCILES

Tal vez algunos niños encuentren la lectura fácil porque están motivados para continuar explorando y, por lo tanto, rápidamente se vuelven bastante buenos en la lectura. Mientras que los que lo encuentran difícil, son más propensos a tirar temprano la toalla y mover su enfoque a otra cosa. Esto significa que puede ser una batalla de un año de duración para los maestros, y puede ser difícil conseguir que el niño haga su tarea en casa.

Desde el principio, Mitzi y yo le presentamos a Amelina una creencia fundamental de apoyo: la lectura es fácil y casualmente añadimos: ¡cuanto más larga es la palabra, más fácil es!
Como padres racionales, podrías pensar que esto es una completa tontería, e incluso si es así, todavía podemos elegir lo que queremos creer. Y mientras funciona, es completamente irrelevante.

Cuanto más larga sea la palabra, ¡más fácil es! ,,

En realidad, podemos decir que si funciona, entonces no, no es una tontería.
Otros padres de la clase de Amelina habían dado involuntariamente a sus hijos otras creencias como: "En el primer grado, deberías ser capaz de aprender palabras de cuatro letras". Y por lo tanto, hay una alta probabilidad de que eso sea precisamente lo que su hijo aprendió en primer grado.

Un día, Amelina fue a casa con un compañero de clase, y cuando el padre del amigo los condujo a casa de la escuela, de repente oyó la voz de Amelina desde el asiento trasero: "Co-pen-hag-en-Cen-tral-sta-tion". Era una señal, pasaron mientras conducían a 50 km por hora. Amelina cree firmemente que la lectura es fácil y que las palabras largas son las más fáciles.

Usted puede, por supuesto, elegir qué creencias de apoyo son consistentes con sus valores y visión de la vida y, cuáles también creen que beneficiarán a su hijo como su verdad en la vida.

NO SE DESESPERE SI ES EL TIPO DE PADRE QUE TAMBIÉN ES HUMANO.

HA HIPNOTIZADO A SU HIJO POR AÑOS

Si usted está bajo la concepción errónea de que la hipnosis es un cuento de Hadas o sólo para las personas que quieren dejar de fumar o superar su aracnofobia, entonces es mejor tomar una respiración profunda y prepararse, porque está a punto de recibir una realización: usted Ha estado hipnotizando a su hijo durante años, probablemente sin ser consciente de ello!

Por lo tanto, en este capítulo, le presentamos cómo probablemente ha estado hipnotizando a su hijo en la vida cotidiana, aunque inconscientemente, y le damos algunas ideas sobre cómo puede hacerlo de una manera más apropiada.

Las sugerencias son centrales para la hipnosis. Son una de las principales técnicas que hace de la hipnosis una poderosa herramienta de desarrollo, ya sea para la terapia, la ayuda con una adicción o la superación de una fobia.

Una sugerencia en la hipnosis podría ser: "Encontrarás que eres feliz cada vez que ves el color rojo" o "ya no tienes miedo a las avispas". Cuando la sugerencia se hace durante un trance, un estado profundamente relajado, donde nuestra conciencia crítica está "apagada" la persona hipnotizada puede aceptar la sugerencia. Se inserta en la mente como una "verdad", un poco como las creencias básicas que discutimos en un capítulo anterior. Sucede automáticamente, y cuanto más veces el hipnotizador repita la misma sugerencia, y dependiendo de cuánta autoridad tenga el hipnotizador, más la persona aceptará la sugerencia y la hará realidad.

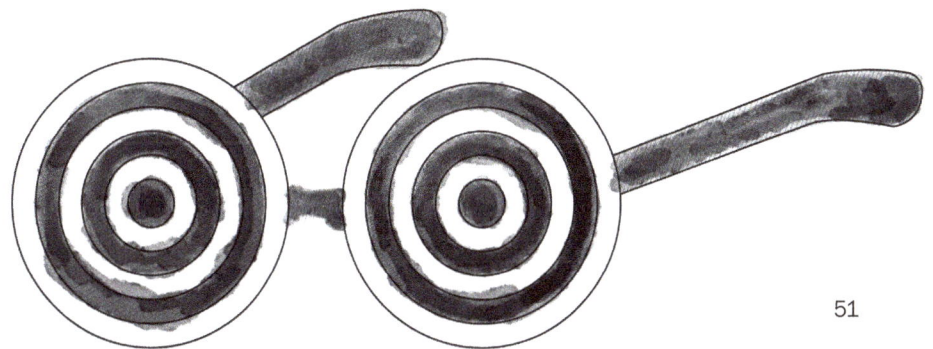

HAY UN ESTACIONAMIENTO PARA RESERVAS Y DESCONFIANZA

De hecho, es extremadamente simple, y la frase clave aquí es "conciencia crítica". Nuestra conciencia crítica es el único "enemigo", porque aquí están todas nuestras reservas, desconfianza y experiencias. Si alguien te detuvo en el supermercado y te dijo que compras más harina de avena, lo más probable es que reacciones de una de dos maneras: simplemente rechaza la sugerencia o te molesta un poco. Es por eso que el trance del hipnotizador es tan vital, parte de la conciencia está "apagada", lo que permite el libre acceso a lo que llamamos el subconsciente. Es aquí donde las sugerencias entran directamente en nuestras mentes.

El hipnotizador utiliza un lenguaje específico para inducir trance para "apagar" la conciencia. Hay muchas formas de lenguaje trance, pero, por lo general, es un lenguaje rítmico, monótono, como el canto, que es difícil de escuchar durante largos períodos sin perder la concentración. Una vez que la concentración se pierde, la conciencia se pone en espera, y la puerta a la mente subconsciente se abre ampliamente.

Hacemos la afirmación todos los días, aunque sin saberlo, utilizan técnicas hipnóticas en relación con su hijo porque los estudios han demostrado que la conciencia se forma entre la edad de cinco a siete años. Los niños menores de esa edad corren completamente abiertos a su mundo, incluso a las sugerencias que encuentran diariamente. Además, usted, como padre, tiene más autoridad que cualquier otra persona en la vida de su hijo.

AUNA NUEVA MUSICA DE FONDO

Imagínese, por lo tanto, lo que podría suceder si las declaraciones inapropiadas fueran eliminadas durante los primeros años del niño. Las declaraciones inapropiadas se formulan a menudo como "sugerencias", que a su vez son aceptadas fácilmente por su hijo y se encuentran en su mente subconsciente como música de fondo que determina lo que su hijo cree en la vida y sobre ella.

Cuando repite sugerencias, como las que se enumeran a continuación, una y otra vez, con una voz cansada y monótona amplificará el mensaje cada vez hasta que un día será una parte totalmente integrada de la identidad de su hijo.

"¡Usas mal lenguaje!"
"¡Nunca limpias tu habitación!"
"¡Siempre llegas tarde con tu tarea!"
"¡Nunca terminas la cena!"
"¡Eres injusto con tu hermanito!"
"¡Siempre estás cansado por la mañana!"
"¡Comes como un cerdo!"
"¡La matemática no es para ti!"
"¡Tu mientes!"
"¡Eres un vago!"
"¡Siempre peleas con todo el mundo!
"Tienes que esperar una hora antes de ir a nadar después de haber comido!"("Ah, ¡Ahí está otra vez".)

Puede añadir sus propias "sugerencias" a la lista ...

Nadie está libre de haber dicho cosas estúpidas a sus hijos. Ciertamente no podemos negarlo. Así que no se desespere si usted es el tipo de padre que es humano. A pesar de utilizar inconscientemente las técnicas anteriores para limitar a nuestro hijo, podemos, afortunadamente, emplear estas mismas técnicas para apoyar conscientemente a nuestros hijos, y no es demasiado tarde para comenzar ahora.

Aquí tenemos una oportunidad única de dar a nuestros hijos esas creencias que les gustaría que creyeran sobre sí mismos y el mundo. Usted puede encontrar inspiración en la sección sobre las creencias básicas. Estas técnicas se pueden emplear en aquellos momentos en que su hijo es más susceptible a la sugerencia positiva, como justo antes de acostarse (esto también se aplica a los niños mayores, que ya han formado su conciencia). A la hora de acostarse, su hijo está demasiado cansado para mantener la concentración, e incluso puede estar tan cansado que su voz se vuelve fácilmente monótona y parecida a un canto.

Si usted tiene niños pequeños, entonces usted puede ver lo que sucede si usted dice con autoridad a su hijo a la hora de acostarse:

"Ahora voy a contar lentamente de diez a uno, y cuando diga uno, usted inmediatamente se duerme...Diez, te vuelves más y más relajado ... "y, así.....a través de la cuenta regresiva

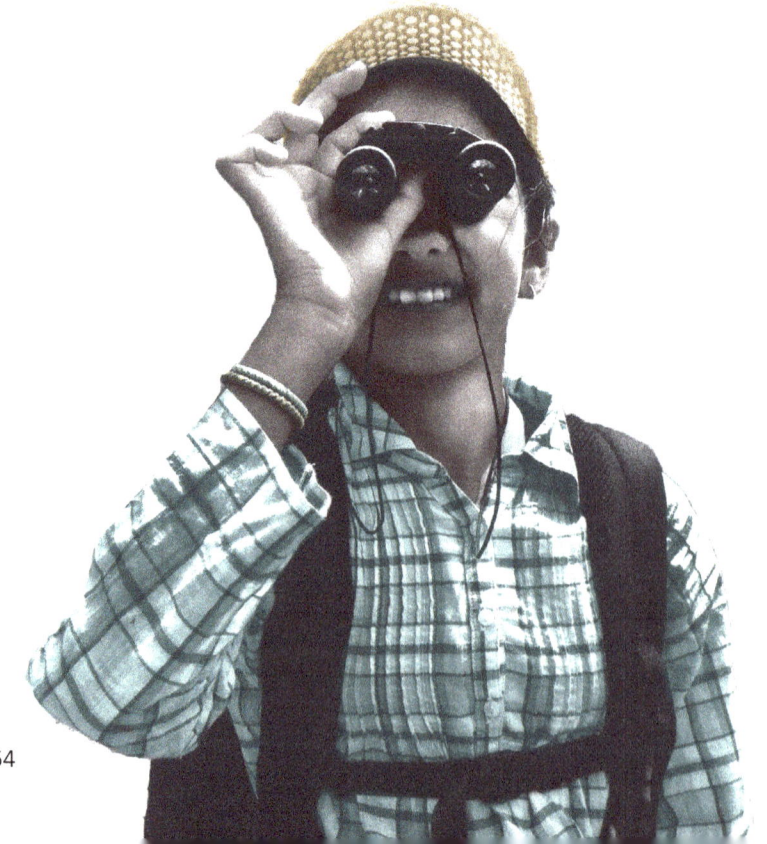

EL AGUA AZUCARADA SIEMPRE FUNCIONA

Hay otras situaciones en las que se puede, con gran eficacia, utilizar sugerencias conscientes sin cruzar los límites éticos de ninguna manera, lo haces inconscientemente de todos modos.

Hace algún tiempo, tuvimos que recoger a Amelina de la casa de un amigo. Había cuatro niños del jardín y estaban divirtiéndose jugando. Justo cuando llegamos, una de las chicas más jóvenes fue picado por una avispa. Ella, por supuesto, lloraba y lloraba, y su madre fue corriendo.

Cuando la niña sollozó y dijo que le dolía mucho, su madre le dijo, muy compasivamente, la siguiente sugerencia inapropiada: "¡Sí, realmente duele cuando te pica una avispa!"

Jørgen tomó un tazón de agua con un poco de azúcar y dejó que la madre lo pusiera sobre la picadura. Poco después, la madre de la niña le preguntó a la niña si mejoraba. La chica naturalmente sacudió la cabeza y siguió llorando. Mitzi cuidadosamente se intregró en la conversación y dijo, con toda la autoridad que pudo reunir: «Muy pronto el dolor va a desaparecer».

Unos segundos más tarde añadió: "¡Ahora el dolor se ha detenido! ¡El agua con azúcar siempre funciona de inmediato!"

Al instante, la chica dejó de llorar y reanudó el juego, mientras los padres seguían hablando. Nadie había descubierto lo que había hecho, porque todos creían en lo que había dicho, como lo decía de manera tan convincente.

En realidad, no tenemos ni idea de si el agua azucarada funciona en picaduras de avispa o no, pero funcionó de todos modos. Probablemente no es por nada que decimos que "la fe puede mover montañas". Y ciertamente no es por nada que, por generaciones los padres han besado los rasguños de los niños pequeños y convincentemente les dicen que "ahora esta mejor". Lo hicieron porque funciona. Pero sólo unos pocos saben que es hipnosis

.

MIEDO A LAS SERPIENTES Y EL SILENCIO

Muchas fobias son creencias limitantes que han crecido tan grande que en los peores casos son debilitantes.

Fobias típicas son el miedo a los insectos como las avispas y las arañas, el miedo a los animales como las serpientes y el miedo a lugares como las alturas, el encierro y los espacios abiertos. Además, también hay un número interminable de pequeñas fobias individuales, como el miedo al silencio o el miedo de cómo se ve a las personas en particular.

Comúnmente la mayoría de ellos se establecen en la infancia. Típicamente, son a menudo, pero no siempre, el resultado de un solo acontecimiento traumático que llevó a una decisión inconsciente de tener miedo de algo. La creencia proviene de la persona que intenta protegerse.

Como padres, no tenemos el poder de impedir que nuestros hijos desarrollen una fobia en algún momento de la vida, pero tenemos una mayor influencia, de lo que podríamos pensar.

Nosotros, como padres, somos increíblemente buenos en transferir nuestras propias fobias a nuestros hijos. Muchos niños de padres que, por ejemplo, tienen una fobia a las avispas, desarrollarán una fobia a las avispas, lo cual puede ser restrictivo y muy frustrante, especialmente si quieres cenar al aire libre en agosto.

Si el niño, a través de su infancia, experimenta que su madre o su padre tiene miedo a las avispas, ese miedo se transfiere exactamente del mismo principio que cuando transferimos nuestras afiliaciones lingüísticas.

Si usted no quiere que sus hijos hereden sus fobias, entonces usted puede optar por guardarlas por sí mismo a contar de mañana.

Las fobias pueden intensificarse causando molestias durante toda la vida y limitar la calidad de vida, pero tal vez con el tiempo finalmente ha llegado a eliminarlas.

¿CUÁL ES EL MIEDO DE SU HIJO?

Por otro lado, no debe descuidar los temores y las fobias de su hijo. Esté consciente de ello y tome a su hijo en serio, incluso si es a algo que no le tiene miedo o no lo entiende de inmediato como asustadizo.

Hace algún tiempo, Jørgen trató a una mujer por una fobia de avispa. Descubrió que la causa de la fobia era una experiencia que había tenido cuando era niña. Cuando tenía seis años, una avispa entró por la ventana del coche de sus padres. Estaba sentada en el asiento de atrás y estaba muy asustada. Pero sus padres, que no tenían miedo de las avispas, le dijeron "servicialmente" desde el asiento delantero que ella debería relajarse. No era lo que ella necesitaba en esa situación, y el resultado del episodio "inocente" era una fobia de avispa, se reforzó y fortaleció cada vez que vio una avispa a través de los años.

Es su propia conciencia y decisión acerca de qué creencias básicas quiere que su hijo tenga, que es crucial para las creencias que su hijo obtiene. Es posible que, inadvertidamente, esté creando creencias no deseadas, si muestra ansiedad o si en el otro extremo de la escala, decide no preocuparse, por el miedo que tiene su hijo.

La solución se encuentra en algún punto intermedio.

¿De que estás asustado?

¿Cómo afecta su ansiedad a su hijo?

¿Cuánto tiempo debería ser así?

¿Qué harás diferente?

EL ENTRENAMIENTO MENTAL PUEDE CAMBIAR SU VIDA

Los principios e ideas que hemos compartido con usted en los capítulos anteriores, se recogen en realidad en el concepto de desarrollo personal que nosotros, en EmpowerMind, llamamos "EmpowerMind Training". De hecho, es la premisa central en la que nuestra empresa, EmpowerMind, se basa.

Durante los últimos años, hemos tenido el placer de llevar a miles de atletas mentales entre adultos y jóvenes a través de un programa de entrenamiento mental con resultados sin precedentes.

El entrenamiento mental se basa en el hecho innegable de que lo que oímos moldea nuestras vidas. Esto sucede a través del poder de la sugestión, que funciona independientemente si nos decimos las sugerencias a nosotros mismos o a que otros nos las digan. Todo lo que se requiere para obtener el efecto óptimo de la sugerencia beneficiosa es que la conciencia crítica se apague. Por lo tanto, la primera fase del entrenamiento mental es identificar el así llamado "estado alternativo de conciencia" donde la mente subconsciente es más receptiva a la reprogramación positiva. A partir de esto, hemos desarrollado una variedad de programas personalizados de entrenamiento mental, que ofrecen sugerencias para influir en la mente subconsciente, tanto en niños como en adultos. Si usted busca en google "Capacitación EmpowerMind", puede probarlo en sus hijos. Hay un efecto garantizado, independientemente de si se trata de ser mejor en matemáticas, dormir mejor por la noche, escapar de estrés y preocupaciones, estar más centrado o tener un aumento de "cualquier límite". Hay muchas posibilidades. El único requisito es que usted se siente o se acueste durante 15 minutos en el sofá todos los días y escuche a su ser interior. ¿Qué tan duro suena eso?

SIEMPRE TENEMOS UNA OPCIÓN

Hace varios años, Jørgen estaba convencido de que él era, quién era. Que nació con una serie de características que no podían ser cambiadas. De hecho, él ni siquiera consideró la posibilidad de cambio: no hay razones cuando no hay nada que usted quiere o puede cambiar!

A través de nuestro trabajo, nos dimos cuenta de que las creencias cambian con el tiempo, e igualmente importantes es que podemos cambiarlas a voluntad. Hoy, vemos nuestras vidas como creaciones, nos creamos a nosotros mismos y, por lo tanto, podemos rediseñarnos, si sentimos la necesidad de hacerlo.

Anteriormente, Jørgen también estaba convencido de que las emociones venían de fuera de él, que eran los otros que lo volvían loco, feliz o frustrado. La mayoría de la gente que nos encontramos en la vida cotidiana, experimentan lo mismo; Que sólo están en control de sus sentimientos hasta cierto punto.

Si usted también cree esto, entonces nos gustaría desafiarle preguntando: ¿quién determina las emociones que le afectan?

La respuesta es inevitable, aunque puede ser difícil de aceptar. Sólo hay una persona que es 100% responsable de las emociones que le afectan y ese es usted.

Esto significa que si alguien actúa injustamente hacia usted, entonces es usted quien elige reaccionar con ira y, de igual manera, si alguien le dice algo agradable, ¡es usted quien elige sentir alegría!

Una vez que aceptes esta premisa, abre el camino para la consecuencia natural: si soy yo quien es 100% responsable de los sentimientos que tengo en el mundo, entonces, también es posible para mí elegir los sentimientos que quiero!

Ahora puede haber algunas personas leyendo esto, pensando que esto es imposible, los sentimientos son justo lo que sucede ... Sí, suceden es porque usted les permite que sucedan esa es la única razón!

Cuando usted también ha aceptado esta premisa, sólo queda una pregunta: ¿cómo le gustaría ser? ¿Quieres estar enojado, feliz, irritado, molesto, triste o algo completamente diferente?

La mayoría de nosotros pasamos por la vida en el piloto automático emocional, y aceptamos todas las influencias externas, a las que estamos expuestos. Se les permite y sin crítica a provocar emociones en nosotros. Emociones, que no necesariamente son beneficiosas para nosotros.

Algunos pueden pensar que es la esencia misma del ser humano; la que nos separa de los animales. Pero entonces un cuervo es más dotado que un humano. ¿Cuándo conociste por última vez a un cuervo enojado que volaba con una pequeña nube negra sobre su cabeza, regañando a todos sus amigos con un silbido agudo?

Creemos que la evolución nos ha dado el regalo de las emociones. Un regalo que significa que podemos disfrutar de una puesta de sol o sentir la oleada de amor. Y ahora sólo estamos empezando a llegar a la realización de que podemos controlar nuestras emociones y, por lo tanto, elegir aquellos que son mejores para nosotros.

De hecho, está bien documentado que las emociones negativas crear bloqueos físicos en el cerebro que dificultan las sustancias químicas, las endorfinas, que son beneficiosos para nosotros deben pasar libremente. Esto nos hace envejecer más rápido y ser más vulnerables a una variedad de enfermedades. Por lo tanto, un atajo para una buena salud y una larga vida es elegir llenar nuestras vidas con buenos sentimientos positivos. ¡También es más divertido!

Como sabemos ahora, no hay razón para esconder esta buena noticia de nuestros hijos.

Como padre, usted puede fácilmente decir lo anterior a su hijo con una buena posibilidad de que entiendan, tal vez lo entenderán aún mejor que usted, porque su hijo no se ve afectado por toda una vida de experiencia donde los sentimientos "son sólo algo que nos sucede ". Y, sin embargo, es incierto saber si funcionará, cuando su hijo esta expuesto a un estímulo que sin saberlo establece sus emociones.

ENCIENDA SU CAJA DE HUMOR

Mitzi y yo pensamos largo y tendido en cómo debemos utilizar nuestro conocimiento en relación con Amelina, de cuatro años, que se caracteriza por un temperamento casi risueño. Fue un buen amigo el que creó la idea. Un día nos contó sobre un pequeño dispositivo que había diseñado con dos botones. Uno con una cara sonriente gruñona y uno con una cara sonriente feliz.

Rápidamente aceptamos la idea, fuimos a casa y preparamos un pequeño dispositivo electrónico por primera vez desde la escuela primaria. El resultado fue tres cajas de humor del tamaño de una caja de fósforo. Cada uno tenía una batería en su interior y un interruptor de palanca con dos posiciones. Uno que encendió un poco de luz verde y uno que encendió un poco de luz roja.

Era el momento de presentar la caja a la familia. La idea era que cuando nos levantáramos en las mañanas, tuviéramos que elegir si sería un día feliz o un día gruñón cambiando la palanca a la pequeña luz verde o la pequeña roja.

Naturalmente, funcionó desde el primer día, quién se levanta por la mañana y piensa: "¡Voy a ser tan gruñona hoy!"

Amelina pensó que era realmente gracioso, y su caja pequeña se levantaba, día tras día, en su habitación, de un verde brillante.

Entonces, cuando ocasionalmente sucedía que Amelina estaba molesta por algo, le preguntamos cuánto tiempo pensaste que estarías molesta, y si quería, podríamos cambiar su cuadro de humor a rojo. Esto era generalmente suficiente para que Amelina cambiara rápidamente su humor, a pesar de ser menos susceptible a las sugerencias cuando está enojada, especialmente de su padre, que tiene energía casi ilimitada.

¿QUÉ TE HACE ENOJAR?

Amelina ahora sabe que ella maneja su estado de ánimo y sus sentimientos. Y, aunque, obviamente experimenta sentimientos irritantes como todos los demás, básicamente ha elegido ser feliz.

Una pregunta sencilla que puede hacerle a su hijo es: "Ayer escogiste tener mal humor durante toda la cena, La próxima vez que estés molesto ¿cuánto tiempo te vas a enfadar?

Esta pregunta realza algunas suposiciones incorporadas, y a menudo trabajan mejor que decir directamente, que usted puede elegir sus sensaciones. Utilizamos las palabras "eligió", lo cual implica que fue algo que el niño seleccionó, pero el niño no es necesariamente consciente de esto.

Utilizamos las palabras "cuánto tiempo", lo que implica que la duración de la ira es una elección libre.

Otra pregunta un poco más compleja podría ser: "¿Cuál es la ventaja de estar enojado?" Una pregunta de seguimiento a la respuesta sería entonces: "¿Qué puede elegir la próxima vez que le da el mismo resultado, que es mejor para usted?"

La suposición incorporada en la pregunta es que no hacemos nada sin una intención positiva; Nos da algo. Al mismo tiempo, la premisa de que podemos hacer otras cosas que nos dan el mismo resultado también están incorporadas. Y de nuevo está la suposición incorporada de que tenemos una libre elección, que es quizás la visión más poderosa que podemos transmitir a nuestros hijos. ¡Inténtalo y ve que sucede!

¿Qué estado de ánimo desea elegir a partir de este momento?

¿Qué porcentaje de su día es aceptable para que usted esté en un estado de ánimo particular?

¿Qué puedes hacer para recordar que haz asumido la responsabilidad de tu propio estado de ánimo?

LOS ERRORES SON GRANDIOSOS

Una de las cosas que hemos aprendido a través del apoyo a los procesos de desarrollo en los adultos, es que vivimos en una cultura anti-fracaso, en el sentido que sentimos que los errores son malos.

No es de extrañar que lo veamos de esta manera, ya que a lo largo de la vida somos alabados cuando hacemos algo bueno, y regañados cuando hacemos algo malo.

Aquí, los seres humanos no son muy diferentes de las ratas. Si somos recompensados hacemos más de lo que hicimos, para ser recompensados. Y nos esforzamos por evitar y dejar de hacer lo que nos regañaron.

De muchas maneras es apropiado, si no fuera por el hecho de que también aprendemos que los errores son malos para nosotros y no vale la pena recordar.

El peligro de esta distinción es que, por lo tanto, pretendemos jugar en el lado seguro de la vida y por lo tanto limitamos nuestra capacidad para desarrollarnos fuera del área segura.

En realidad, esto no es un problema, sino más bien una oportunidad de aprender más acerca de nosotros mismos que no aprovechamos lo suficiente. Es durante estos tiempos que nuestra comprensión, el conocimiento de nosotros mismos y las nuevas experiencias se expande.

Este nuevo nivel de comprensión y perspicacia entonces permanece con nosotros cuando intentamos cosas nuevas y esperamos que tengan éxito.

LOS ERRORES SON LAS POSIBILIDADES DE APRENDER ALGO NUEVO

Nuestros errores son en realidad oportunidades que no utilizamos lo suficiente. La dificultad con nuestra cultura anti-fracaso es que muchas personas experimentan y ven el fracaso como fiascos.

A partir de esto, sigue la creencia de que cuanto más errores cometemos en la vida, mayor es la tendencia a que nos veamos a nosotros mismos como un fracaso.

> *Es usted quien decide si su hijo se ve a sí mismo como un fracaso cuando cometen un error. Depende absolutamente de cómo Usted trata con él.*

Todos hemos sido testigos de padres regañando a sus hijos por derramar un vaso de leche en la mesa o porque no hicieron lo que se esperaba de ellos.

Puede, por supuesto, añadir combustible al fuego que el mantel tiene que ser lavado por quinta vez en una semana. Pero en realidad es peor para el niño si se le regaña constantemente por desperdiciar buena leche, ya que confirma su creencia de que no valen nada. Y, por lo tanto, el niño tiene otro bloque de construcción para su Ministerio de la Autoestima de los pobres.

¿QUÉ PUEDE HACER DIFERENTE LA PRÓXIMA VEZ?

Lo que quizás es aún peor (si hay algo peor) es que el niño no aprende "no derramar".

Más bien, una reacción natural para el niño es decirse a sí mismos en la próxima comida: "No debo derramar, no puedo perder la leche" con la consecuencia de que el niño derrame la leche nuevamente.

Como padres, podemos elegir una estrategia diferente. La próxima vez que la leche es derramada, usted da vuelta a la otra mejilla y dice amablemente, "qué sucedió?"

Su hijo se preguntará un poco sobre la (estúpida!) pregunta y tal vez indulgentemente le diga que la leche se derramó. Su próxima pregunta traerá a su hijo a un modo de reflexión, donde se convierten en un poco más inteligente.

"¿Qué hiciste para que la leche se derramara?"

Su niño probablemente pensará por un momento y explicará exactamente lo que sucedió. Ahora su hijo aprenderá causa y efecto. La tercera pregunta es la pregunta clave:

"¿Qué harás diferente la próxima vez?"

La respuesta a esa pregunta es una nueva estrategia ideada por su hijo y puede dejar de usarla si no funciona.

Al abordar la situación de esta manera, su hijo se beneficia de varias maneras: en primer lugar, aprende que los errores no son iguales al fracaso. En segundo lugar, enseña a su hijo sobre su "error". En tercer lugar, su hijo toma la propiedad de una nueva estrategia, que es el punto crucial. Es mucho más efectivo que el niño aprenda de lo que debe o no debe hacer.

Esto significa que la próxima vez que la leche es derramada por la misma razón (si sucede de nuevo!), Puede confrontar al niño con una observación:

-"Veo que la leche fue derribada porque estabas demasiado cerca del borde de la mesa, aunque dijiste que la situarías más sobre la mesa. –

" ¿Qué puedes hacer de otra manera la próxima vez? "

Cuando el niño dice lo mismo que antes, entonces usted puede decir, por ejemplo:

"Entonces, ¿qué puede ayudarte a recordar, para hacer lo que decidiste que haría antes?"

NO HAY FIASCOS AQUÍ

Con un poco de práctica puedes ser realmente bueno para convertir los errores en lecciones eficaces. En realidad, es mucho más divertido que enfadarse. Usted encontrará que funciona en muchas otras cosas y no sólo en la leche derramada!

En nuestra nevera, tenemos una pequeña nota que dice: "No hay fiascos aquí, sólo lecciones!" La nota es liberadora para mirar de vez en cuando, especialmente si hemos olvidado esa idea por un momento!

¿Cómo se ve usted cometiendo errores?
¿Cómo lidiar con su hijo cuando cometen un error?
¿Qué harás diferente de mañana?

OBTIENES EN LO QUE PONES ATENCIÓN

¿Alguna vez se ha preguntado que sus predicciones a menudo se hacen realidad?

Imagínese que está viajando a casa desde sus vacaciones en coche, y antes del viaje se dice a sí mismo es probable que los niños se pongan impacientes y peleen entre sí, cuando estemos atrapado en el tráfico de la autopista. Bueno, usted probablemente ha predicho el resultado de su viaje

O represente este escenario: usted está de anfitrión en la fiesta de cumpleaños de un niño y le dice a su pareja que probablemente se pondrá bastante caótico con todos los niños, especialmente con los vecinos de la frontera empujando a los niños en la asistencia. Lo más probable es que sea uno de esos partidos en los que constantemente se interrumpe con preguntas de los niños sobre cómo jugar un juego, que en circunstancias normales son muy capaces de jugar.

Posteriormente, usted puede preguntarse lo que los otros piensan de la fiesta de cumpleaños, tal vez, que ofrecen la opinión de que fue una gran fiesta sin un momento aburrido!

La ley de la atracción está en juego aquí. Tiene sólo una corta y dulce cláusula,: ¡obtienes lo que te enfocas!

Hace algún tiempo, fuimos a un pequeño viaje de esquí a Suecia, por lo que Amelina pudo obtener su primer sabor de las pistas. Mientras estaba allí, Mitzi y yo tuvimos motivo de alarma, cuando Amelina, después de una serie de choques violentos en la cima de la montaña en densa niebla, gritó y exclamó: "¡Este es el peor día de mi vida!"

Reconocemos que no era un momento apropiado para probar algunas de las técnicas anteriores con Amelina. En cambio, ayudamos y reconfortamos a Amelina de la mejor manera que pudimos, y así, Amelina minutos después zarpó por la ladera de una montaña iluminada por el sol.

También debe ser consciente y sensible del estado emocional de su hijo después de un incidente que los ha afectado profundamente. Ese no es el momento de decir cosas inteligentes a su hijo. En realidad, eso es como agitar una bandera roja a un toro

¡Obtienes en lo que pones tu atención! 🟊🟊

Sin embargo, es muy importante tomar el incidente en una fecha posterior y hablarlo a su gusto cuando todas las partes se sienten capaces de hacerlo. Si aún no tiene experiencia de esto, probablemente se sorprenderá gratamente de lo inteligente que es su hijo en tales situaciones.

Más tarde, recordamos a Amelina la ley de enfoque, que le habían presentado varios años antes. Podía ver fácilmente que su reacción era inapropiada. Amelina pensó en cómo podría hacer las cosas de manera diferente la próxima vez que estuviera en un lío.

LIBERE UN GRAN POTENCIAL

Aunque la ley es corta y dulce, el efecto de la ley del enfoque contribuye en gran medida a que el día de su hijo sea bueno o malo.

Por ejemplo, usted puede optar por centrarse en el resultado negativo de un evento en particular, debido a haber experimentado un evento similar en su pasado, lo que resultó en un resultado negativo, y este resultado negativo ahora forma parte de su equipaje. Lo más probable es que no se percate de ello, pero si se tome tiempo para reflexionar, la experiencia negativa original puede venir a la mente.

Puesto que es prácticamente imposible pasar por la vida sin experiencias negativas, es importante hablar de las experiencias negativas que tiene su hijo. Le da al niño la oportunidad de entender que no es una ley natural que determina si similares experiencias negativas conducen automáticamente a similares experiencias negativas en el futuro; Más bien, es la propia decisión del niño sobre el resultado, que es crucial para qué atributo tendrá.

La ley del enfoque se aplica en todos los aspectos de la vida.

Esa es una pieza vital de información cuando usted está eligiendo lo que desea enfocar. También vale la pena señalar que los pensamientos y las declaraciones son auto-reforzantes. Esta combinación de la ley del enfoque y las declaraciones de auto-refuerzo puede poner un límite efectivo en cualquier cosa, o puede desatar un tremendo potencial para su hijo y usted mismo!

Usted obtiene en lo que pone atención!

Basta pensar en las declaraciones cotidianas tales como: "el tiempo es horrible", "es aburrido", "No soy lo suficientemente bueno", o un poco inocente "es difícil" o "Estoy muy ocupado." Y luego está el clásico, ¡No lo lograremos!

Cuando introdujimos la ley de enfoque a Amelina, le explicamos que es mucho más beneficioso creer en las posibilidades, en lugar de las limitaciones. Como Amelina sólo tenía tres años en ese momento, no estábamos seguros de si ella lo había entendido...

TIENES QUE CREER PAPÁ

Un soleado viernes de diciembre, poco antes de su cuarto cumpleaños, Amelina y Jørgen disfrutaron del placer de un día de padre e hija. Ellos hicieron un plan ambicioso para el día: actividades divertidas y algunas tareas. A Amelina le encanta dibujar y dibujó todas las cosas que había planeado, en orden, de acuerdo a cómo creía y quería que resultaran. Se marcharon cuando terminaron.

Uno de las actividades que habían planeado era almorzar en un restaurante de comida rápida, y algunas horas más tarde mientras se sentaban allí y comían, o más bien dicho como Jørgen se sentó allí y comió mientras que Amelina se arrastró alrededor del legendario tubo de plástico arriba bajo el techo Y sólo esporádicamente fue a tomar un bocado de su comida, el tiempo pasó. Jørgen se sentó y contó las horas necesarias para su plan, que estaba a medio completar.

La experiencia le dijo que sería de gran utilidad emplear la técnica de "preframe": debería preparar a Amelina para hacer cambios en el plan para evitar conflictos. Así que la próxima vez que Amelina pasó con la felicidad brillando por todos los poros y su pelo sudoroso, le dijo: "Amelina, hay algo de lo que tenemos que hablar, pero no podemos quedarnos aquí jugando por tanto tiempo y todavía tener tiempo para recoger el remolque, conducir al centro de reciclaje, ver la feria de

Navidad en el centro comercial y luego ir a casa y poner el asado de cerdo en el horno antes de que mamá llegue a casa del trabajo!

Amelina tomo un descanso, dejó de chupar su sorbete, me miró por el borde de su bebida y dijo amablemente, pero convincentemente: "Papá, tienes que creer que podemos hacerlo!"

Amelina me miró expectante y desafiante. Jørgen no tenía otra opción. Tan pronto después de que estábamos en pleno apogeo, completando el resto de nuestro plan, y no hace falta decir que el asado estaba en el horno cuando Mitzi llegó a casa.

Esta historia se ha convertido en parte de la historia de Amelina, y es bueno volver a recordarla cuando han habido otras situaciones donde Amelina necesita recordarse de la ley de enfoque de una manera efectiva , al igual que cuando estábamos esquiando en Suecia.

¿En qué te enfocas en tu familia?
¿En teoría?
... Y en la práctica?

FRASES POSITIVAS

La redacción positiva es la clave de la ley del enfoque. Hay una buena razón para esto: el cerebro no puede entender la palabra "no". Defina lo que desea lograr en lugar de centrarse en lo que desea evitar!

Vamos a intentar un pequeño experimento: En este momento, no quiero que usted piense en un sándwich de queso!

¿Pensaste en un sándwich de queso? Es casi imposible no pensar en un sándwich de queso, sólo por un breve momento. Esta es la ley del enfoque de nuevo, obtienes en lo que pones atención.

El ejercicio de sándwich de queso es bastante inocente, pero si tomamos una perspectiva más amplia, y pensamos en las siguientes declaraciones:

"No debes derramar remolacha en tu blusa blanca".
"No debes caer y tener los pantalones mojados."
"No hables con la boca llena."
Y así sucesivamente y así sucesivamente.

Es muy notable la frecuencia con que nosotros, como padres, decimos a nuestros hijos lo que no deben hacer, en lugar de decirles lo que deben y pueden hacer.

En primer lugar, significa que se centran en lo que no deben hacer, que es mucho más difícil que centrarse en lo que deben hacer. En segundo lugar, los usamos para expresar lo que quieren evitar, en lugar de definir lo que quieren lograr. Lo vemos también en la mayoría de los adultos que son muy capaces de definir y explicar lo que no quieren, en lugar de expresar lo que quieren.

La ley del enfoque es tan efectiva como la ley de la gravedad; Expresar lo que quieres evitar eficazmente resulta en que consigas más de lo que no quieres

> *La ley del enfoque es tan eficaz como la ley de la gravedad; Expresar a lo que usted desea evitar resultados efectivamente en usted que consigue más de lo que usted desea evitar.* "

DESECHAR LA PALABRA "NO"

El año pasado, los maestros de la escuela de Amelina estaban en un día de curso, y los padres actuaron como sustitutos de todo el día. Jørgen fue uno de los afortunados que consiguió unas pocas horas con los niños, y una de sus tareas era recordarles las reglas de la carretera antes de salir a la estación de tren para ir a un museo.

Así que le preguntó a la clase lo que los niños deben recordar, y un mar de manos se dispararon en el aire: "No podemos salir por el camino", "no podemos soltarnos las manos", "no debemos Cruzar el camino en un hombre rojo ", " no debemos luchar y empujarnos unos a otros "," no podemos ... ". Ninguno de ellos sabía lo que debían hacer, pero todos sabían lo que no debían hacer. Su tarea, por lo tanto, era convertir todas estas afirmaciones negativas en sus cabezas. Al igual que hacemos con Amelina cuando me doy cuenta de declaraciones enfocadas negativamente.

"Cuando no se te permite salir por el camino, ¿qué debes hacer?"

"¡Tenemos que permanecer en el sendero!".

"Sí, exactamente, ¡quédate en el sendero!"

La fórmula es simple: pregunta "cuando no lo hagas ... ¿qué haces/debes hacer?" Entonces obtienes la versión positiva, que anclas repitiéndola claramente y con las mismas palabras.

De esta manera su hijo se acostumbra a formular afirmaciones positivas. Son mucho más apropiadas y beneficiosas para la ley de enfoque.

Ahora solo tienes que recordar decirle a tu hijo lo que deben y pueden hacer, en lugar de lo que no deberían hacer. ¡Un centavo por cada "no" y las vacaciones de verano del próximo año está casi totalmente financiado en la mayoría de los hogaress!

> **Trate de contar los "no" en una semana, trace líneas en el refrigerador con un marcador rojo, y vea quién de ustedes está dirigiéndose hacia la "victoria".**

DILE A TU HIJO LO QUE A OCURRIR

"Premarco" es un término que se refiere a "establecer un marco" para algo antes de que ocurra. Por ejemplo, a menudo recibimos una agenda o un plan para un curso en el que participamos o una fiesta a la que asistimos. Funciona para nosotros los adultos. Nos hace relajarnos, reduce nuestras expectativas y nos ayuda a obtener una visión general.

El Premarco también tiene un efecto positivo en los niños. Ellos prosperan al saber lo que sucederá después. Estoy seguro de que usted ha estado en el extremo receptor del resultado de decir a su hijo, "Hora de dormir ahora!", Justo cuando están en medio de algo! La cosa es que los niños están, naturalmente, siempre en medio de algo! Y si no están en medio de un juego específico, están en medio de descubrir qué juego empezaran a jugar!

Pero si Premarcámos todos los tiempos potencialmente difíciles como la hora de cenar, de dormir, de salir por la puerta o apagar la computadora, entonces será mucho, mucho más fácil.

Tú también sabes muy bien esto: todo lo que se requiere es que nosotros, como padres, tengamos suficiente energía para proporcionar estos anuncios de servicio 5, 10 ó 20 minutos antes del evento. El resultado que es un niño se siente respetado.

Si tiene dudas sobre si tiene o no la energía para dar estos mensajes de servicio, una pregunta relevante es:

"¿Por qué lo que su hijo ha decidido hacer es menos relevante que lo que usted ha decidido que él debe hacer?

PAZ DE CAPRICHOS COMO ADULTOS

¿Alguna vez se ha preguntado por qué los niños pequeños prosperan en la previsibilidad, pero para los adultos puede ser bastante aburrido? Los niños aman los rituales: leerán las mismas historias a la hora de acostarse una y otra vez, y no se quedarán despiertos por la noche pensando en nuevas maneras de servir su plato favorito.

La explicación es simple: quieren ser capaces de predecir lo que sucederá para que puedan usar su energía para estar presentes, para poder averiguar qué hacer. Esto les hace sentirse seguros.

En nuestra vida cotidiana tenemos muchos "Premarco" no verbales. En Dinamarca, por ejemplo, sucede para la mayoría de las familias, el viernes después del viernes, cuando los niños saben que después de la cena, hay Disney Club en la televisión. Esto significa que, sin hablar de ello, sabemos que nos colapsamos en el sofá, abrazamos, hacemos una charla y nos divertimos con el chocolate de viernes y el vino tinto. Hay paz en revisar de correo electrónico, peinando piojos y otros caprichos de adultos. Básicamente, las caricaturas no son tan importantes, pero el marco se establece previsiblemente para nosotros es para disfrutar juntos.

El Premarco también funciona para grandes y nuevos eventos en la vida de los niños.

¿PUEDEN LOS NIÑOS ESCALAR LAS MONTAÑAS?

Durante el verano estábamos (Amelina y Jørgen) de vacaciones en la región del Mont Blanc.

Era un viaje de senderismo donde tendríamos que caminar entre 7 y 14 km por día para llegar a los campamentos de base, donde podíamos conseguir comida y refugio. El viaje nos llevó desde los valles a las montaña con miles de metros de altura de diferencia cada día.

Amelina tenía 6 años y cuando conté a algunas personas sobre el plan, respondieron inequívocamente que sus hijos nunca serían capaces de hacer eso. Nosotros, sin embargo, estábamos convencidos de que Amelina podría hacerlo.

Unas vacaciones de senderismo habían sido sugeridas seis meses antes, y fue Amelina misma, quien había decidido que debía ser a través de las montañas y no a través de los bosques.

Trabajamos duro para explicar a Amelina exactamente lo que implicaba el viaje, aunque sabíamos que no tenía ninguna posibilidad de evaluarla en relación con sus habilidades y resistencia. En los meses previos a nuestra partida, cuando Amelina y Jørgen charlaban juntos, describió en detalle cómo tendrían que caminar de la mañana a la noche sólo tomando descansos cuando quisieran. Él la desafió preguntándole, si ella pensaba que podría manejar eso. Amelina no tenía ninguna duda de que podía. Consideramos brevemente la posibilidad de traer tiendas de campaña para una noche de emergencia al aire libre, pero estábamos seguros de que podía hacerlo.

Una tarde hermosa de julio, el tren rodó de Ginebra a Chamonix después de un maravilloso viaje por parte del Mont Blanc. Nuestra aventura de senderismo estaba por comenzar el día siguiente, y estábamos listos.

"

Los niños aman los rituales: leerán las mismas historias a la hora de acostarse una y otra vez, y no se quedarán despiertos por la noche pensando en nuevas maneras de servir su plato favorito.

NO HAY CIMA DE LA MONTAÑA SIN *PREMARCO*

A las 6:30 de la mañana siguiente salimos de nuestro apartamento y nos dirigimos a la primera cumbre. 10 horas, 3.000 metros verticales y 24 kilómetros más tarde, llegamos a nuestros alojamiento para pasar la noche. Mientras Jørgen yacía jadeante en el césped frente a la retirada magníficamente ubicado, con los pies hinchados y el sonido de las campanas de las vacas en el oído interno, Amelina corría alegremente jugando con los niños que vivían allí … ¡durante horas!

Así que decidió aumentar la ambición para el día siguiente y eligió una ruta más alta de la que habíamos imaginado que podía manejar. Y otra vez fue Amelina, quien insistió en ir un poco más allá esa tarde, para llegar a un río glacial donde pudiéramos lavarnos del polvo.

Por supuesto que podía manejarlo. Los niños usan 100% más energía que los adultos en un día normal, y tienen recursos ilimitados.

Sin embargo, estamos absolutamente seguros de que ella no podría haber escalado el primer pico sin premarco. Sólo tuvimos que pensar en los innumerables paseos diarios de 20 minutos, en los que ella, al menos ocho veces, preguntó, "¿Ya llegamos?" Imagínese si el premarco también funcionaba allí …

VALORES

La palabra "valores" es muy utilizada alrededor del mundo hoy en día. De hecho, las empresas caracterizan sus negocios con valores como la calidad, la integridad y el servicio. A menudo los vemos declarados y enmarcados en la recepción.

Ésos no son el tipo de valores de los que estamos hablando aquí. Estamos hablando de valores que nos inspiran y nos impulsan.

Para muchos de nosotros, nuestros valores están inconscientemente incrustados en todo lo que actuamos y hacemos a través de la vida. Pueden cambiar a lo largo de los años, aunque algunos son más fundamentales que otros. Llamamos a estos valores fundamentales. La diferencia entre los valores y los valores esenciales es que mientras los valores pueden variar de una situación a otra, los valores centrales permanecen firmes.

Hay tres ventajas de ser conscientes de los valores. En primer lugar, nos hace más consciente de por qué es importante para nosotros lograr algo en particular, y por lo tanto, nos da un impulso adicional en la dirección correcta. En segundo lugar, cuando revisamos nuestros valores, nos aseguramos de que lo que estamos apuntando es algo que definitivamente queremos, y no sólo algo que creemos que queremos. En tercer lugar, al vincular nuestros valores con algo que queremos lograr, en realidad anclamos la creencia de que es un objetivo importante.

En otras palabras, nuestros valores son una fuerte motivación, que podemos aplicar activamente en nuestras vidas cuando somos conscientes de que existen.

" Estamos hablando de los valores que nos inspiran e impulsan.

LOS VALORES ASEGURAN LA MOTIVACIÓN

Descubrir los valores de otra persona es fácil, es simplemente diferente de lo que pensamos. Si le preguntas a alguien directamente cuáles son sus valores, a menudo responden con lo que racionalmente piensan que son sus valores. Sin embargo, hay una manera diferente y más eficaz para descubrir valores y ese método también puede aplicarse fácilmente a sus hijos para asegurar la motivación y conducirlos en grandes y pequeños ensayos cotidianos, tales como las tareas.

Cuando Amelina tenía dos años, aprendimos algo que nunca olvidaremos. Estábamos sentados junto al lago en el jardín. El sol brillaba y las cañas pardas del otoño se reflejaban en la superficie del agua, por lo que el agua brillaba como el oro. Estábamos sentados en un tronco de árbol, comiendo galletas y bebiendo leche con chocolate, y fue una de las primeras veces, que tuvimos una gran charla con Amelina. Ella solo estaba descubriendo la posibilidad de formular oraciones más largas y se sorprendió por su nueva habilidad, y sin ningún motivo posterior, Jørgen le preguntó Amelina qué te gustaría ser cuando grande.

Amelina pensó por un momento y respondió: "¡Me gustaría ser una Súper Chica!"

-"Una chica estupenda", repitió sorprendido.

"Sí", dijo Amelina y me miró: -"¡Como un doctor, alguien que ayuda a otros!"

-De acuerdo, dijo Jørgen.

Permanecimos en silencio por un momento, cuando una garza aterrizó en el lago. Un conflicto se intensificó dentro de Jørgen: ¿debería desafiarla con una pregunta que incluso muchos adultos encuentran difícil de responder, o debería guardar silencio y no arruinar el momento?

NO SUBESTIME A SUS HIJOS

Tomó una rápida decisión y se volvió hacia Amelina, que estaba sentada mirando a la garza que permanecía inmóvil y atenta con el agua hasta las rodillas, y preguntó:

"Amelina cuando eres una chica estupenda como un médico, alguien que ayuda a los demás ¿qué te da?" preguntó, aunque inmediatamente se arrepintió. Maldita sea mi ambición excesiva en nombre de mi hijo!

Amelina nos miró por un rato, y mientras la miramos, vimos cómo no estaba segura por un momento, mientras buscaba una palabra.

"Ha ... feliz", dijo por fin y sonrió ampliamente mientras asentía, aceptando.

En ese segundo, Amelina avergonzó cualquier dudas que tuvimos. A pesar de tener un cerebro increíblemente inmaduro y un vocabulario inmensamente limitado, Amelina encontró el valor que estaba ligado a su deseo de futuro.

Era la primera vez que vimos y comprendimos que los niños pueden hacer mucho más, de lo que les damos como crédito. Desde ese día nunca hemos cometido el error de subestimar a nuestra hija!

Una ventaja positiva fue que Amelina, a una edad muy temprana, se enteró de que algo que quería lograr, le dio un sentimiento y ella recuerda que esta lección muy importante constituyó una base sobre la cual construir.

UN RECORDATORIO PARA EL FUTURO

Cuando ponemos valores en lo que queremos lograr, creamos un anclaje emocional, que se experimenta como un recordatorio para el futuro.

Piense en cuando se encuentra con una vieja foto de vacaciones. En el momento, en que pone toda su atención en ella, vuelve a usted toda la experiencia en detalle, a veces con emociones, olores o una pieza particular de música.

Eso es lo que un buen recordatorio puede hacer.

Es fácil crear recordatorios para el futuro. Ni siquiera necesita una cámara para tomar una foto. El cerebro es capaz de hacerlo todo por sí mismo.

La ventaja de tener recordatorios para el futuro es que, al igual que las fotos de vacaciones en el cajón, no se olvidan. Pueden ser utilizados como marcadores inconscientes para establecer una dirección, que este de acuerdo con nuestros valores. Por lo tanto, los recordatorios son buenos para nosotros.

Todo lo que necesitas hacer en relación con la historia de Amelina en el tronco del árbol, es añadir un nivel extra de abstracción. Requiere quizás (quizás!) Un poco más de experiencia de vida que dos años pueden dar.

Es fácil hacer recordatorios para el futuro 🙶

La clave es la imaginación.

La próxima vez que sienta que tu hijo no se molesta en hacer su tarea, trate con una estrategia diferente de la que usted ha intentado hasta ahora. La estrategia consta de dos pasos: una actuación y una pregunta.

Imagínate que está sentado en la escuela mañana por la mañana, y tienes toda tu tarea hecha, así que cuando el profesor te haga una pregunta, podrás contestarla.

¿Qué te da?
¿Qué más le da?

El paso 1 da lugar a la noción de condiciones deseadas en el futuro, en este caso sólo mañana, pero también podría ser en un año o en diez años.

Paso 2 pide el valor detrás de eso que usted desea, y si usted hace la misma pregunta una y otra vez, usted conseguirá más profundidad en los valores.

Se crea una memoria para el futuro.

SU HIJO CONSTRUYE SU PROPIA VIDA

Imagine un sitio de construcción con una gran cantidad de materiales de construcción: ladrillos, vigas, tejas y un montón de arena y cemento. Después de algunas obras de construcción todas las partes se han convertido en un edificio. Tal vez sea una casa, un castillo, una iglesia o una prisión. ¿Tal vez un puente o una torre? Tal vez el edificio será hermoso, tal vez aburrido o simplemente feo.

No podemos averiguarlo mirando los materiales de construcción. Podemos obtener una indicación, pero no podemos estar seguros sin los dibujos arquitectónicos.

Construimos nuestras vidas de la misma manera. Así, cuando el niño construye su edificio, mezclan sus propias experiencias, creencias y actitudes con las de los padres, maestros, amigos y todos los demás con que el niño entre en contacto.

¿Cómo se verá el edificio? será sólo su aspecto, su altura, su forma, el número de ventanas y así sucesivamente. Tal vez podamos estar de acuerdo en eso. Pero cómo se experimenta si algo completamente distinto. Algunos piensan que es feo, mientras que otros piensan que es espléndido. Todo está en el ojo del espectador, y así es con nuestras vidas.

Vemos nuestra vida como hemos decidido verla. Otros pueden verla de otra manera. Usted puede saber la sensación que usted piensa, siente que usted es perezoso, mientras que otros sienten que usted es enérgico. Usted piensa que es fea, pero otros te encuentran hermosa.

OH, ¿NO ESTÁ SANGRANDO?

Nuestros hijos construyen sus vidas y dependiendo de donde coloquen las "ventanas" y cuantos ángulos extraños construyan, obtendrán una visión de sí mismos, que luego llevarán con ellos a través de la vida. Su creencia sobre sí mismos se basa en cómo se siente acerca de su hijo.

Más tarde se basa en la percepción de sí mismos, donde la percepción de ustedes y de otros sobre ellos se incluye en el proceso de toma de decisiones.

Por lo tanto, es importante que nosotros, como padres, discutamos en una etapa temprana los valores que son importantes para nuestras familias y, por supuesto, los apoyamos con nuestros pensamientos, palabras y acciones para que puedan prosperar en nuestra vida y familias.

Nuestros amigos a menudo han expresado el deseo de que su hijo crezca para ser independiente y capaz de tomar decisiones justas y valientes. Sin embargo, al mismo tiempo, se apresuran en ayudar al niño cada vez que cae, se preocupan innecesariamente de reconfortar a un niño que por lo demás está sano y salvo.

Los niños aprenden rápidamente. Y la mayoría de los niños, como la mayoría de los adultos quieren atención. Por lo tanto, no toma mucho tiempo que el niño aprenda a llorar un poco más después de una caída para asegurarse de conseguir atención más rápida.

Estamos seguros de que usted puede averiguar cómo la actitud de cuidado de los padres apoya o impide su deseo de tener un niño independiente y valiente.

Pocos niños sufren daños al caerse. Una imagen frágil de sí mismos es mucho más perjudicial.

¿INTENTAMOS SER INDISPENSABLES?

Cuando Amelina nació, discutimos cómo pensábamos que debía pensar de sí misma y qué características queríamos que desarrollara. La independencia y la resiliencia fueron algunas de ellas, y ha tenido la consecuencia del aumento de la resiliencia de los padres.

Para llevar a cabo nuestros pensamientos, nos obligamos a no mimarla, sino a ser equilibrados, pacientes, seguros y fuertes, y siempre amorosos y empáticos. Se aplicaba, por ejemplo, cuando Amelina tenía 2 años de edad y disfrutaba de la escalada. Quería subir alto, pero sus habilidades todavía eran inciertas, por lo que cayó del marco de la escalada, árboles y sillas, se cayó sobre sí misma y otros pies y se familiarizó con la estufa de leña de la sala de estar.

Un verano cuando Amelina tenía 3 años, nos sentamos, después de un viaje en canoa, comiendo pescado de barbacoa en el camping. De repente, vimos a Amelina a la distancia subiendo por encima de las barras, que están destinadas a los niños mayores a oscilar. Era fácilmente más de una caída de dos metros en el asfalto, y los espacios entre las barras eran lo suficientemente anchos como para que ella pudiera caer.

El pescado sin vida colgaba de nuestros tenedores en el aire, temor es lo que había en nuestros corazones mientras mirábamos como Amelina cruzaba un puente de cuerda en las Cataratas del Niágara. Por supuesto que lo hizo, y tuvo una nueva creencia encontrada: "Soy más joven y más pequeña que todos los demás, pero puedo subir más alto y no caer".

Decir que nuestros pequeños deben aprender de sus propias experiencias es bastante fácil; Permitir que lo hagan no es tan fácil. La mayoría de los padres también están de acuerdo, que hacemos un perjuicio a nuestros hijos al "salvarlos" de los desafíos de la vida y, en realidad, podemos llegar a lograr lo contrario de lo que realmente queremos.

Sin embargo, es de cara a la vida cotidiana que debemos demostrar que en realidad creemos en lo que decimos el uno al otro y a nuestros hijos. Cada día ofrece desafíos a los que nuestros niños se enfrentan y de manera segura, si les permitimos: ir en bicicleta a la escuela o a la casa de un compañero de juegos, tomar el autobús solos, estar solos, tener la llave de la casa, etc.

Hoy Amelina es una chica resiliente que solo llora cuando realmente duele o cuando está loca o triste. Amelina tiene una gloriosa e infantil sensación de que ella es buena en todo. No porque le hayamos dicho que es inteligente, sino porque le hemos demostrado con confianza.

Pocos niños son perjudicados por la caída. De hecho, una imagen de sí mismo frágil es mucho más perjudicial para ellos, ya que les lleva a creer que no pueden manejar algo ellos mismos. Ellos vienen a creer esto porque sus padres no les han mostrado confianza. Tal vez porque los padres necesitan ser necesarios y, por lo tanto, se hacen indispensables?

Si, en el camino necesita apoyo moral, piense en los maestros competentes que tratan profesional y amorosamente a su hijo a través de los muchos desafíos potencialmente peligrosos en el kínder y la escuela. ¡La mayoría de los niños sobreviven!

¿Cómo le gustaría que sus hijos experimentaran y se vieran como adultos?
¿Cuáles son las consecuencias para la manera en que usted trata con sus hijos?

DELE A SU HIJO MAS RESPONSA-BILIDADES EN LA VIDA

Con la mejor de las intenciones, llenamos a nuestros hijos de instrucciones sobre cómo vivir una buena vida. Esto se traduce en la creación de niños controlados externamente que tienen una alta autoestima, pero no necesariamente una alta autoestima, ya que no pueden sentir quiénes son o qué les gustaría. Tienen una baja autoestima porque son reconocidos más por sus acciones, luego por la persona que son. Cuando alabamos los hermosos dibujos de los niños y los mostramos automáticamente en el refrigerador, aumentamos la confianza en nosotros mismos, no la autoestima.

Creo que podemos confiar sinceramente en que los niños pueden asumir la responsabilidad y la propiedad de muchas cosas en sus vidas; ¿Qué más pueden sentir los niños cuando están cansados, si nosotros, como padres, les decimos cuándo ir a la cama durante toda su vida?

¡Como seres humanos prosperamos cuando tomamos la responsabilidad de nuestras propias vidas pero es más fácil cuando no lo hacemos! No queremos que nuestros hijos entreguen la responsabilidad de sus vidas a los demás con un "¿qué crees?" Actitud cuando son crecidos.

Todos queremos hijos e hijas independientes que sean capaces de sentir lo que tiene sentido para ellos y que sean capaces de expresar eso

Encanto, confianza y ¿quién soy exactamente?

Cada día nos encontramos, una y otra vez, con adultos con baja autoestima, lo que puede dar lugar a muchos otros problemas, incluyendo un complejo de inferioridad, que amenaza nuestro bienestar y es insoportable para otros testificar. También puede resultar en autoestima inflada y falsa autoestima, que es tan intolerable para los demás.

AUTO ONFIANZA:	LA AUTOESTIMA:
Es cuando tengo confianza en mis propias habilidades, lo que puedo hacer.	Es cuando pienso en mí como un ser humano valioso, lo que soy como persona.
Está inextricablemente ligado a las competencias.	Está inextricablemente ligado a mi identidad.
La alta confianza en mí mismo me da fe de que puedo hacer cualquier cosa.	La alta autoestima me da la creencia de que soy una persona valiosa, que tiene valor para mí y para los demás.
La baja confianza en mí me dice que no en cualquier cosa que me lanzo.	La baja autoestima arroja dudas sobre si tengo algún valor para los demás, y si merezco lo que he logrado.

La mala autoestima afecta negativamente la confianza: "No me importa, así que para qué soy bueno?" Del mismo modo, una buena autoestima afecta positivamente a la confianza, creando una confianza duradera que no falla cuando encontramos resistencia.

La alta autoestima crea buena confianza en sí mismo, pero una buena confianza en sí mismo no crea automáticamente una alta autoestima.

La pregunta, por lo tanto, de si queremos o no que nuestros hijos tengan baja o alta autoestima y confianza en sí mismos es retórical. Como padres, hay dos técnicas que podemos utilizar. Sin embargo, si las usamos inconscientemente, existe un gran riesgo de que logremos lo contrario de lo que queremos.

Si, por otro lado, los usamos conscientemente, entonces no podemos dejar de tener éxito en nuestra empresa.

OBJETIVO:	EVITAR:
Para hablar igualmente a todos a	Hablar condescendientemente la gente
Ser presente	Ignorando a las personas
Mostrar interés genuino	Hablando despectivamente de
Reconocer a las personas en el hablar y la acción	la identidad de los demás: "No me gusta cuando tú …"
Para ser honesto y sincero.	Usando ironía (sólo para adultos)
Reconocer las acciones	Acciones de alabanza
Para criticar las acciones (Sólo si es necesario): "No me gusta que usted …"	Evaluación de otros

Nuestras herramientas son lo que decimos y lo que hacemos. ,,

Hay mucho que podemos decir y hacer para fortalecer la autoestima y la confianza de nuestro hijo, y como se mencionó anteriormente, no tenemos que preocuparnos de que no tengan confianza. En el mundo de hoy, los niños reciben tanta atención que probablemente ganarán confianza a menos que persistentemente critiquen sus acciones.

La causa más importante de baja autoestima en nuestros niños es de hecho, que constantemente aplaudimos sus acciones. Tenemos que detener esto, y en su lugar reconocerlos por ser la persona que son.

También vale la pena señalar que es mucho más fácil comenzar, si su propia autoestima es buena. Si sientes que tienes baja o careces de autoestima, entonces empieza por ti mismo. A medida que aumente su propia autoestima, se frotará en su hijo, y viceversa: a medida que aumenta la autoestima de su hijo, seguramente se frotará en usted, por lo que es una situación de ganar-ganar!

¿Internamente conducido o externamente controlado?

Muchos manuales de nuevos padres dicen a los padres que los niños deben tener responsabilidades de acuerdo a la etapa en que se encuentran en su desarrollo, y que demasiada responsabilidad demasiado pronto puede crear niños inseguros. Algo que es menos apreciado es lo que puede suceder si nuestros hijos se responsabilizan demasiado tarde, o no lo reciben en absoluto.

Cuando usted asume la responsabilidad de todas las funciones en la vida de su hijo, se acostumbran a ella, que su hijo se convierte automáticamente en controlado externamente en lugar de internamente. Cuando somos controlados externamente, entregamos la responsabilidad de lo que es bueno para nosotros a los demás. Cuando somos impulsados internamente, aceptamos y asumimos la responsabilidad por nuestro propio bienestar nosotros mismos.

Los niños muy pequeños son incapaces de conducirse internamente y, por lo tanto, es parte natural de la crianza de los hijos asumir el papel de control externo. Las madres, en particular, se supone que saben mejor cuando sus hijos tienen que orinar, tienen hambre, necesitan ponerse ropa de abrigo y tienen sueño, así como una serie de otras necesidades básicas y, por lo tanto, asumen la responsabilidad natural de el niño. El reto consiste en reconocer cuando el niño está listo para asumir la responsabilidad de esas mismas necesidades básicas, de modo que tan pronto como sea posible, el niño pueda ser conducido internamente.

CONSTANTEMENTE INSEGURO DE SUS ELECCIONES

Un niño internamente impulsado puede sentirse a sí mismo ya sus necesidades, mientras que un niño controlado externamente no se siente porque el niño se ha acostumbrado a que otros tomen esa responsabilidad.

Como padres, por lo tanto, hacemos un mal servicio a nuestros hijos controlándolos externamente durante demasiado tiempo, pero también debemos asegurarnos de que no se desmoronen bajo toda la responsabilidad.

El problema para el niño controlado externamente surge el día en que se convierten en un adolescente al salir del amoroso abrazo de los padres. En ese momento, el propio adolescente debe descubrir sus necesidades, además de todas las otras cosas que los adultos jóvenes necesitan controlar.

Como padres, por lo tanto, hacemos un mal servicio a nuestros hijos controlándolos externamente durante demasiado tiempo, pero también debemos asegurarnos de que no se desmoronen bajo toda la responsabilidad.

No hace mucho, trabajamos con una joven, Helle, que estaba muy, muy confundida. Ella tenía 20 años y acababa de mudarse lejos de casa y en con su novio. Helle estaba angustiada acerca de lo que debería elegir en la vida. Ella le pidió consejo a su amigos y familia y como cada uno ofreció una respuesta diferente, ella cambiaba constantemente su pensar y era profundamente insegura de si su elección era la mas adecuada para ella. Cuando la conocimos, estaba profundamente deprimida y se sentía inadecuada en todas las áreas de su vida, a pesar de ser muy inteligente.

Helle estaba a punto de rendirse. Ella estaba fuertemente controlada externamente, sin experiencia en sentir lo que era correcto para ella. Después de un proceso intensivo en el que trabajamos en el desarrollo de la conciencia de Helle y la conciencia de sus propias necesidades y sentimientos, ella estaba lista para salir al mundo con una unidad interna nueva y segura.

Una unidad interna y segura, que podría haber tenido desde la infancia.

Como seres humanos prosperamos cuando tomamos responsabilidad de nuestra propia vida y ¡es más fácil cuando no lo hacemos!

RESPONSABILIDAD, PROPIEDAD Y CONFIANZA

Cuando Amelina tenía 13 meses, Mitzi y yo le quitamos el pañal con la creencia de que rápidamente averiguaría cuándo tenía que hacer un número uno o dos y actuaría en consecuencia.

Nos inspiró una madre viva, Finlandesa en el grupo de nuestras madres que había hecho esto con sus cuatro hijos.

Nuestros amigos con niños de 2 y 3 años todavía en pañales pensaban que estábamos locos. Tuvimos unas cuantas semanas corriendo con desinfectante y paños, pero eso fue todo.

Amelina aprendió muy rápido cuando ella iba a hacer qué, y fue al lavabo ella misma. Y como tantos otros padres, teníamos ideas preconcebidas sobre la comida: teníamos muchas reglas sobre cuánto tenía que comer, cómo y cuándo. Cuando Amelina tenía cuatro años de edad, esto dio lugar a una gran cantidad de argumentos, las comidas pesadas, una reticencia a comer y otras situaciones agotadoras que también puede haber experimentado.

En una de nuestras reuniones mensuales, donde Mitzi y yo discutimos si lo que hacemos es lo suficientemente bueno y apropiado para el desarrollo de Amelina, discutimos cómo habíamos terminado en esta situación. Estábamos, por supuesto, bien conscientes de que pocos niños en Dinamarca mueren de hambre y que la enfermera de salud pública no podía ver signos evidentes de escorbuto en nuestra hija.

El resultado fue una decisión radical. Organizamos una reunión con Amelina, con el objetivo de crear un nuevo marco para comer. Amelina alzó la mirada escépticamente de su rompecabezas, cuando le explicamos la idea y esperábamos lo peor. Fue una clara señal de que ya era hora de que tomáramos el problema en la mano.

En la reunión, que era muy oficial con zumo y remolinos de canela, le explicamos a Amelina que no pensamos que iba particularmente bien con las comidas. Le preguntamos qué pensaba que debíamos hacer.

Amelina nos miró con curiosidad, masticó su remolino de canela y dijo un poco cautelosamente: -"Bueno, tal vez podría decidirme, ¿cuánto debo comer?"

Mitzi y yo nos miramos y nos dimos cuenta de que Amelina no entendía que esperábamos tal reacción, pero teníamos un plan listo y decidimos allí y luego en asociación con Amelina que a partir de ahora ella podía decidir por sí misma, Ella comería y cuánto. Sin embargo, establecimos algunas reglas básicas: si Amelina no quería comer con nosotros, sólo podía decidir entre el mismo plato y el pan de centeno cuando tenía hambre..

Otra regla fundamental que establecimos fue que cuando Amelina comió con nosotros, tuvo que probar nuevos alimentos. De esa manera podía saber que algo sabía bien, aunque no parecía tan apetitoso! Nuestra última regla fundamental fue un período de prueba de un mes, donde su responsabilidad podría ser revocada si sentimos que carecía de energía o nutrientes para ir a la escuela, jugar o divertirse.

Nos pusimos de acuerdo en todas las reglas y el marco y la responsabilidad del proyecto para cuidarse de nosotros mismos se puso oficialmente en lugar para una Amelina radiante y visiblemente relevada, que inmediatamente anunció que ella deseó embalar su propia cesta de almuerzo.

A partir de ese día, las comidas eran (y siguen siendo) un placer. Amelina siempre come con nosotros y desde el principio ha comido más de lo que solía. Ella claramente disfruta de la responsabilidad y no ha habido más jugando desde entonces.

¿Cuándo estoy cansado, papá?

Después de unos meses, Amelina vino a nosotros y preguntó cómo pensábamos que iba con las comidas. Tuvimos que admitir que iba muy bien y ella había demostrado que ella había vivido hasta nuestra confianza.

-"¿Puedo ser responsable de algo más? -preguntó sonriendo."

-"¿Qué tenías en mente? - le pregunté con una idea de la respuesta."

-"¡Me gustaría ser responsable de cuándo tengo que ir a la cama!", Dijo, golpeando el clavo en la cabeza.

Mitzi y yo nos miramos vacilantes, pero accedimos a participar en la reunión a la que nos invitó en el siguiente aliento.

Llegamos a la reunión bien preparada, pero Amelina también lo hizo.

Tenía todos sus argumentos listos. Naturalmente ella utilizó nuestras propias armas contra nosotros y nos informó que debemos creer que funcionaría. No podíamos hacer nada pero estoy de acuerdo que nuestra hija de 5 años asumió la responsabilidad de la cama todos los días.

Nuestro único requisito era que ella se levantara cuando la llamáramos por las mañanas sin problemas, y que ella estaría fresca y capaz de ir a la escuela.

involucramos a aburrida pero positiva maestra en el proyecto y estuvimos de acuerdo con ella en que si sentía que Amelina estaba cansada o letárgica en la escuela, le sugeriría a Amelina ir a la cama.

Pensamos que Amelina probablemente extendería sus nuevos privilegios al máximo y se agotaría durante unos días. Pero también creíamos que sería natural a lo largo del tiempo.

Eso no sucedió. Ella realmente asumió la responsabilidad y pidió que se le informara del tiempo cada media hora después de las ocho, para que pudiera navegar por su nuevo dominio.

Después de tres días se sentó en el piso de su habitación, a las nueve y media de la noche, un poco molesta.

-"¡Papá, no puedo imaginar cuándo debo irme a la cama!"

Un grito bastante razonable y natural de ayuda. Jørgen y Amelina tuvieron una charla sobre cómo sentirte cansado, cuando te has acostumbrado a que otros lo saben mejor que a ti mismo y al reloj que dicta la hora de acostarse.

El arreglo es permanente hoy y Amelina está muy feliz por sus privilegios. Hemos hecho una serie de enmiendas a nuestro acuerdo: tiempo de crecimiento después de las nueve y no hay películas, juegos o historias de dormir. Es un cambio de comportamiento, pero aún no una eliminación de la responsabilidad de Amelina por su propia hora de acostarse. Ella esta increíblemente fresca todo el día a pesar de su hora de dormir relativamente tarde. No habríamos descubierto esto si hubiéramos sido nosotros quienes decidimos!

Hoy, Amelina tiene un sentido extra que ella frecuentemente se involucra. Ella "siente" las cosas, y eso es un suplemento realmente bueno para el enfoque más racional de la vida.

En algún momento de nuestras vidas, decidimos, subconscientemente, si seremos personas que piensan racionalmente, personas con sentimientos emocionales o un poco de ambos. La decisión es sobre lo que nos hemos acostumbrado, y el grado de éxito que hemos tenido con esa elección. En nuestro trabajo nos encontramos con muchos clientes que tienen una preferencia por uno, pero proporciona sólo una parte de la imagen.

Generalmente, no creemos que es mejor sentir que pensar o viceversa. Al mismo tiempo, creemos que un equilibrio entre la cabeza racional y el emotivo-intestino nos da información útil adicional sobre el estado de las cosas, lo que nos hace más fácil tomar decisiones informadas en la vida.

Otra forma de calificar a nuestros hijos para que utilicen tanto la razón como la emoción es preguntando por ambos.

Por ejemplo:

"¿Qué piensas de ir a la abuela por dos días?"

"¿Qué te está diciendo?"

También, trate de notar si su hijo usa la frase "siente" y sabe lo que significa.

¿Cuánta responsabilidad está preparada su hijo y cómo lo sabe?

UNA PERSONA QUE SIENTE EL MUNDO

Todos los niños son diferentes. Lo decimos muy a menudo como padres. Y, aunque, probablemente somos iguales en más de un sentido, somos diferentes, hay una diferencia significativa en nuestros niños, que es crucial para cómo experimentan, perciben y, por lo tanto, aprenden.

De hecho, todos nacemos o adquirimos un sistema de representación. Es el sentido que usamos más: ese sentido que es nuestro favorito. Para algunos, es un favorito tan claro que prácticamente no pueden "entender" a los demás. Mientras que otros encuentran más fácil el uso de múltiples sistemas de representación.

TENEMOS UN SENTIDO PREFERIDO

Se centra en cómo experimentamos las cosas. Tenemos cinco sentidos: la vista, el oído, el tacto, el olfato y el gusto. Estamos tan ingeniosamente diseñados que todos tenemos uno o más favoritos entre estos sentidos: una forma que inconscientemente prefieren experimentar. A menudo es muy fundamental para la profesión en que terminamos como adultos.

La mayoría de nosotros somos lo que llamamos visualmente orientado; Que experimentamos a través de imágenes. Se refleja en el lenguaje que usamos, donde usamos principalmente términos que están en sintonía con las imágenes. Aquellos de nosotros que son visualmente orientados, a menudo dicen cosas como: "Veo" o "me imagino" o "usted debe ver que ...". La persona visual trata de obtener una visión general ya menudo se ve obstaculizada por impresiones visuales perturbadoras.

Una proporción menor de nosotros es lo que llamamos auditivo, experimentando el mundo a través del sonido. Ellos piensan mejor, por ejemplo, hablando a sí mismos, tal vez moviendo sus labios mientras lo hacen. Las personas auditivas pueden ser distraídas por sonidos que otros no notarían y muchas veces se expresan con palabras y frases "sonoras" como: "Suena como ..." o "Puedo oír claramente que ...". A menudo hablan despacio mientras saborean las palabras y usan "uh" y "hmmm" sonidos mientras piensan.

Otro grupo es cinestésico. Aquellos de nosotros que prefieren "sentir" cuando pensamos y a menudo seguimos emociones y sentimientos intestinos. La persona cinestésica usará típicamente palabras de "sentimiento" tales como: "Es tangible", "Estoy de pie por ella" y "puedes entender ...". El cinestésico aprecia el contacto físico. A menudo ponen una mano en el hombro de alguien y, a menudo se parecen más a otras personas que otros tipos. Pueden sentir físicamente si las cosas se sienten bien.

Los dos grupos restantes son olfativos y gustativos; Sus sentidos dominantes son el olfato y el sabor, respectivamente.

Pero, ¿por qué es importante saber esto en relación con nuestros hijos? Es importante saber por muchas razones. En primer lugar, nuestro sistema de representación es esencial para nuestro aprendizaje. En segundo lugar, podemos aumentar fácilmente nuestro impacto conociendo el "lenguaje" de nuestros niños y hablando al niño. En tercer lugar, podemos, sin esfuerzo, enseñar a nuestros niños a "entender varios idiomas" (por ejemplo, el lenguaje corporal). Esto ayuda a evitar conflictos, especialmente si los niños y los padres "hablan" diferentes lenguas, ya que sin entender, soportan situaciones frustrantes, simplemente porque no se entienden.

Hace algún tiempo, Jørgen estaba en una fiesta y conversaba con un productor de música, que obviamente favorecía el sistema auditivo de la representación sin saberlo. Compartió su mayor problema con Jørgen: él y su hermana no podían comunicarse sobre sus padres ancianos.

Sacudiendo la cabeza, le dijo a Jørgen que le había preguntado a su hermana si "podían hablar como uno a sus padres" y ella le había contestado que "no podía sentir dónde estaba" en relación con ellos.

"Es extraño que ella dice que no puede sentirme cuando estaba hablando de tener que estar en sincronía", dijo, claramente frustrado.

Claramente el problema era uno de los diferentes idiomas: simplemente no se entendían.

Las escuelas rara vez tienen en cuenta el sistema de representación favorito de un niño, porque los maestros a pesar de aprender sobre los diferentes sistemas de representación, no examinan el propio y por lo tanto se comunican sobre la base de su propio sistema de representación. Un maestro visual que habla en imágenes, no tiene la misma comprensión con el alumno auditivo como lo hacen con el alumno visual.

Si observamos brevemente las condiciones de aprendizaje de los tres sistemas de representación más comunes, entonces podemos decir que el visual aprende mejor leyendo, viendo demostraciones, observando el tablero y creando recordatorios. El auditivo aprende mejor escuchando instrucciones e historias contadas en un ambiente tranquilo. Los niños de kinestésicos son muy orientados a la acción y aprenden mejor probando cosas hacia fuera, por ejemplo, aprendiendo sus tablas de multiplicar a través de jugar a la rayuela.

Como padre, usted tiene la oportunidad de descubrir el sistema de representación favorito de su hijo y usarlo para comunicarse. Requiere que conozca su propio sistema de representación preferido, para saber si su sistema es diferente al de su hijo. Esto significa que usted debe ser bastante apto para aprender a comunicarse en los términos de su hijo en lugar de su propio sistema, utilizando las metáforas lingüísticas que pertenecen al sistema de representación preferido de su hijo.

Esto requiere una mayor conciencia en la vida cotidiana; Tal vez usted puede obtener ayuda de su hijo o su pareja? Una vez que haya agrietado el código, usted encontrará que su hijo de repente prestar más atención a lo que dices, y evitará en muchos casos tener sus cables cruzados, cuando se hablan entre sí.

Tal vez sea bueno recordar que la mayoría de nosotros somos capaces de percibir y entender con más de un sistema de representación, y, por lo tanto, nuestros hijos aprenden mucho, independientemente de cómo los maestros escojan hablar con ellos. Pero piense cuánto más podrían aprender, si habláramos un "lenguaje" que ellos entendieran completamente.

Un buen ejercicio es comenzar a escuchar los patrones de lenguaje que escucha a su alrededor.

Usted se encontrará, de forma relativamente rápida, descodificando los sistemas de representación a su alrededor que usted prefiera.

¿Cuál es el sentido favorito de su hijo?

¿Y cuál es el tuyo?

ESTRATEGIAS DE PATERNIDAD FUNDAMENTALES

Como padres, tenemos una opción fundamental: la elección de la estrategia de los padres. También podría ser una opción para no tener ninguna estrategia de los padres. Aquí, todas las decisiones son para esto y, por lo tanto, tal vez, no hay consistencia o previsibilidad.

No necesitamos juzgar si el impacto de una estrategia en particular es importante o no. Sin embargo, tenemos la sospecha de que usted, como padre, trabaja un montón de horas extras, ya que tiene que inventar continuamente las reglas del juego, en lugar de tener un conjunto de reglas proporcionen el espacio y permite que la mayor parte de lo que encuentra en la crianza de los hijos .

Una estrategia clara de los padres será muy beneficiosa en el largo plazo. Muchas de las cosas que nosotros, como adultos, tenemos es una opinión particular sobre, independientemente de si los apreciamos o despreciamos, son muy a menudo sorprendentemente consistente en con cómo los vimos como niños

Una estrategia clara de los padres será muy 99
beneficiosa en el largo plazo.

Una forma de crear una estrategia y no menos importante es actualizarla de acuerdo con las necesidades y habilidades del niño, es mantener el estatus mutuo como padres.

Jørgen y yo, a lo largo de los años, hemos celebrado varias reuniones en casa, donde nos sentamos y discutimos los desafíos específicos y elaboramos una estrategia. A veces con Amelina; A las que llamamos reuniones familiares y otras veces sólo nosotros.

Muchas personas tienen reuniones matutinas regulares en el trabajo, quizás una vez a la semana o una vez al mes, donde el estatus y las estrategias se miran y se elaboran para el futuro.

Es quizás la tarea más importante de nuestra vida: dar a nuestros hijos las mejores condiciones, muchos de nosotros terminamos solo con el flujo. No tomamos el tiempo para reflexionar sobre lo que estamos haciendo y por qué lo estamos haciendo. En muchos aspectos de la vida, creemos que tiene sentido dejar algo al azar; Confiar en el proceso y no controlarlo todo.

Pero en relación a nuestros hijos, realmente vale la pena considerar conscientemente si lo que hacemos es lo suficientemente bueno o si es o no el momento de hacer otra cosa?

Hemos hecho que sea un hábito reunirse en una taza de café por la noche, especialmente si uno de nosotros tiene la sensación de que algo está sucediendo con Amelina, que requiere un enfoque especial. Los niños se desarrollan casi de semana a semana, razón por la cual nosotros, como padres, también necesitamos desarrollar una manera de ayudar a todos a lidiar con esto. De lo contrario, un desajuste evolucionará lentamente.

Es agradable verlo venir, y de esa manera, podemos evitar tener que un día preguntar a nuestros hijos adultos, si se han acordado de lavarse las manos antes de la cena!

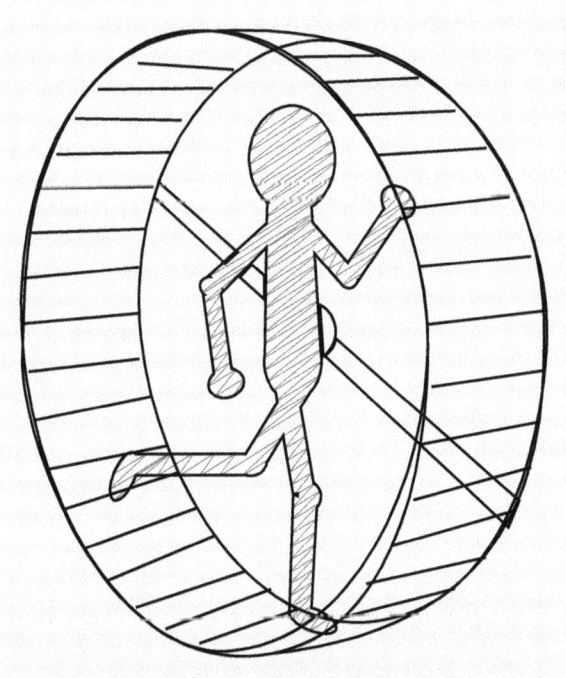

Como padres, somos víctimas del pensamiento habitual. No pensamos en lo que solemos hacer y si no pensamos en lo que solemos hacer, entonces simplemente hacemos lo que solemos hacer, incluso si alguna otra acción o reacción fuera una respuesta mucho mejor.

En las reuniones, Jørgen y yo decidimos nuestra estrategia paterna después de haber discutido los desafíos actuales y las formas posibles de lidiar con ellos.

También nos preguntamos si lo que estamos haciendo, en ese momento, es lo mejor para la situación, y discutimos a veces con bastante fuerza el curso de acción correcto. Por supuesto, no estamos de acuerdo en todo, pero lo más importante es que tomamos decisiones, que ambos podemos respaldar. De lo contrario, nuestras declaraciones en la vida cotidiana resultan en confusión e inseguridad y darle a Amelina la oportunidad de jugar contra nosotros.

Una decisión que discutimos constantemente, y en la que aún no estamos completamente de acuerdo, es si Amelina tiene completa responsabilidad por su hora de acostarse. En la práctica, ella tiene toda la responsabilidad, pero yo, Mitzi, creo que debe haber un límite superior, mientras que Jørgen cree que es el equivalente de privar a Amelina de la responsabilidad que es de lo que se trata. Creo que es innecesario porque Amelina nunca se va a la cama después de las diez en la semana. Se va a la cama cuando está cansada.

Las preguntas prácticas pueden alcanzar fácilmente las alturas ideológicas, dando lugar a que los niños, que no son plenamente conscientes de qué reglas se aplican en situaciones particulares incluso cuando tratan de navegar lo mejor que pueden.

Al celebrar reuniones periódicas, usted tiene un lugar para discutir preguntas, asuntos, eventos y desafíos, etc., incluyendo aquellas cosas con las cuales usted tiene diferentes actitudes, en lugar de discutirlas sobre la cabeza de sus hijos.

¿Qué cambios cree usted que tales reuniones podrían crear en su vida diaria?

PROPIEDAD

La propiedad de la propia vida es uno de los factores más básicos que motiva a la mayoría de la gente.

Probablemente has experimentado en el trabajo ser capaz de realizar una buena idea; Se siente mucho mejor y es más motivador que darse cuenta de las ideas de otras personas.

Es exactamente lo mismo en la vida cotidiana. Una casa de juegos que nos hemos construido, nos dará un mayor placer que el que compramos en una tienda al igual que cuando los niños van a escoger lo que es para la cena y se les permite ayudar. Sabe mucho mejor para ellos que la comida que esta "simplemente" puesta sobre la mesa.

> *La propiedad de la propia vida es uno de los factores más básicos que motiva a la mayoría de la gente.* "

Una vez que tenemos la propiedad de los proyectos exitosos, entonces tenemos una participación en ellos, y eso es importante para la motivación, la autoestima, el orgullo y la alegría.

Hay un desafío apasionante para asegurar que nuestros hijos reciban las mejores oportunidades de apropiación de sus vidas y sus proyectos, especialmente porque podemos sentir que los "poseemos" ligeramente y así queremos una participación en sus vidas y proyectos.

TIRA A LA BASURA LAS RUEDAS DE ENTRENAMIENTO

Cuando enseñamos procesos de desarrollo, usamos una metáfora sobre un niño aprendiendo a andar en bicicleta, para explicar la diferencia entre un consejero, un mentor, un entrenador y un capacitador de EmpowerMind.

Mientras que el consejero explica cómo hacer un ciclo, y el mentor lo demuestra, el capacitador de EmpowerMind o el entrenador correrá al lado y apoyará al niño mentalmente y permitirá que el niño aprenda de sus errores en el proceso. El propósito principal en esto es conseguir que el niño adquiera la propiedad completa del proceso. Es motivacional, dar responsabilidad y estimular la autoestima y la confianza.

Mitzi y yo experimentamos exactamente esto el día que Amelina aprendió a montar una bicicleta sin ruedas de entrenamiento. A lo largo de los años, Jørgen había visto a un montón de padres, goteando de sudor, mientras perseguían las bicicletas de sus hijos con una mano firmemente anclada en el bastón estabilizador.

Ahora era el momento para que él "camine-la-charla"; Porque una mano en el palo, por supuesto, sería lo mismo que quitarle la responsabilidad a Amelina.

ARMADURA DE PROTECCIÓN PERSONAL

Una hermosa mañana de primavera, cuando el sol brillaba sobre las copas de los árboles, Jørgen y Amelina bajaron a un parque cercano, lo que, al menos, aseguraría un suave aterrizaje.

Amelina llevaba la seguridad como armadura de protección personal. En la hierba del parque, la invitó, con un nerviosismo bien escondido, a dar una vuelta en su bicicleta.

Amelina lo miró momentáneamente, juzgando, desde debajo del borde del casco de la bicicleta y salió por el césped. No parecía 100% estable, pero por un tiempo se fue muy bien, y Amelina hizo un ciclo cada vez más lejos mientras Jørgen estaba pegado al césped. De repente, sucedió algo, y Amelina voló sobre el manillar y aterrizó en un montón en medio del campo de fútbol.

Con recelos, Jørgen corrió a la escena y le preguntó a una niña aturdida, pero por lo demás ilesa, lo que pasó.

-¡Me caí, papá! -dijo Amelina, irritada por el hecho de que se le pidiera que declarara lo obvio. ¿También el viejo recibió un golpe en la cabeza?

Jørgen reunió toda la confianza que pudo reunir y preguntó: -¿Qué hiciste que te hizo caer?

Esta vez Amelina pensó largo y tendido antes de que ella contestara: "Yo estaba buscándote, y luego giré el manillar, y luego me caí".

"Está bien," respondió, aliviado y añadió: "Entonces, ¿qué debes hacer de manera diferente ahora?" Amelina pensó de nuevo y respondió:

"No debería girar el manillar."

"Entonces, cuando no estás girando el manillar, ¿qué haces en su lugar?" -preguntó, mucho más cómodo ahora. Amelina respondió rápidamente:

"Bueno, sigo el manillar y miro hacia adelante."

Y así se fue otra vez con una estrategia clara y se sintió un poco más segura de sí misma. Unos cuantos accidentes más instructivos más tarde, y era hora de irse a casa. Esta vez en bicicleta en el pavimento un poco más difícil.

Amelina se regocijó cuando saludó a Mitzi frente a la casa:

-Mamá, mamá, he aprendido a andar en bicicleta sola -gritó, a punto de caer-.

Estamos seguros de que todos los niños se sienten orgullosos cuando aprendieron a andar en bicicleta, pero, al mismo tiempo, pudimos sentir a Amelina con un orgullo fundamental de que ella tenía el 100% de propiedad de su propio proyecto.

Jørgen simplemente había seguido mentalmente "junto a ella" y la apoyó

HACER LO QUE DECIMOS

Cuando hay consistencia entre nuestras palabras, expresiones y acciones, somos congruentes. Eso significa que hacemos lo que decimos y decimos lo que hacemos, y decimos lo que queremos decir y decimos lo que decimos.

Muchas personas encuentran difícil tratar con personas que dicen que van a hacer algo, pero hacer algo más o nada en absoluto. Estamos confundidos por ella o la vemos como hipocresía. Nos distraemos e inquietamos, si tenemos la sensación de que la otra persona está diciendo algo que realmente no quiere decir

Muchas personas encuentran difícil tratar con personas que dicen que van a hacer algo, pero hacer algo más o nada en absoluto. **"**

Es lo mismo para los niños, y quizá incluso estén más capacitados para descodificar intuitivamente cuando los adultos son congruentes.

Hace unas semanas, estábamos visitando a algunos amigos que tienen unos niños encantadores pero al mismo tiempo rebeldes. En un momento, el padre se quejó de que su hija nunca hace lo que dice. Su hija escuchó esto.

Mitzi optó por compartir una observación con el padre, uno que ella ha encontrado a menudo en otros contextos. Explicó que había observado que cuando el padre decía algo serio, algo que realmente quería decir, a su hija, no parecía que lo dijera, por la sencilla razón de que siempre lo decía con una sonrisa. Suena como una cosa pequeña, y tal vez lo es, pero no cambia su significado.

Cada dueño del perro sabe que si usted quiere que su perro obedezca, usted tiene que significar lo que usted dice, pues los perros descodifican no sólo la palabra hablada, pero igualmente el tono y el tácito. Y sin comparar a nuestros hijos con perros, los niños hacen exactamente lo mismo sin importar la edad.

NO JUEGUE JUEGOS DE ADIVINANZAS CON EL
MENSAJE

Por lo tanto, la congruencia entre el mensaje y el lenguaje corporal es crucial para el éxito del mensaje. El padre comenzó a creer lo que estaba diciendo, y no pasó mucho tiempo antes de que su hija hiciera a menudo lo que le pedía

Tal vez usted le dice cosas serias a su hijo de una manera sonriente, amable y suave para proteger a su hijo contra el abuso verbal, y que es digno de elogio. O tal vez ¿usted tiene dificultades para hacer demandas a su hijo o creer que su hijo hará lo que dice?

Su hijo no sufrirá daño de usted teniendo seguridad en su comunicación. Es mucho más perjudicial para el niño si no puede entender lo que realmente quiere decir. En esta situación, el niño tendrá que adivinar lo que quiere decir, y tienen un gran potencial para adivinar mal, y así ser reprendido por un padre, que es emocionalmente secuestrado por el abandono y la frustración.

El incumplimiento de la confianza entre los adultos sucede fácilmente cuando una de las partes no cumple o no cumple el acuerdo. Podemos dejar pasar una vez, posiblemente un par de veces más si es un miembro de la familia o un amigo, que ha violado nuestra confianza. Nuestros hijos aceptan muchas brechas de confianza porque nos aman, pero es perjudicial tanto para nuestra relación con ellos como especialmente para la propia percepción del niño de lo que es aceptable.

Si puede permitirse romper acuerdos con su hijo, entonces su hijo recibe permiso para exactamente tener el mismo comportamiento más adelante en la vida. Puede llegar a costarles caro en las amistades y su carrera.

En nombre de la congruencia, aquí hay dos preguntas para reflexionar:

¿Qué te hace romper los acuerdos que has hecho?
¿Cómo puedes evitar que entres en tales acuerdos?

Es posible que desee incluir sus respuestas a estas preguntas en su estrategia de padres, de modo que su pareja o cónyuge pueda ayudar a asegurar que se adhiera a la estrategia.

Otra faceta de la congruencia es lo que llamamos "caminar-la-charla": hacer lo que decimos que vamos a hacer. Usted probablemente ha escuchado la declaración, "su hijo no dice lo que dice, sino lo que hace". Esto significa, por ejemplo, que si usted dice que no debemos usar mal lenguaje, pero luego lo hace, automáticamente ha cancelado el mensaje. Puede parecer obvio, pero debe ser observado, ya que este principio también se aplica al plano subconsciente más sutil, que es ligeramente más complicado.

Su hijo elige estrategias infantiles, un poco como si escogiera las estrategias de los padres, pero con una diferencia: su hijo normalmente escogerá una de las dos estrategias. Si su estrategia es positiva, el niño normalmente escogerá la misma estrategia que usted, mientras que si su estrategia es negativa, su hijo típicamente escogerá lo mismo, o lo contrario.

Por lo tanto, si usted ha decidido pasar mucho tiempo enfurruñando y picoteando su entorno, existe un riesgo inminente de que su hijo elija el mismo comportamiento negativo en relación con su entorno. Pero, afortunadamente, también existe la posibilidad de que su hijo, a pesar de su comportamiento, elija lo contrario: ser feliz y generoso. Es probable que el niño tenga una "alergia" al enfurruñamiento y al picoteo.

Sin embargo, si elige el enfoque positivo, tiene la oportunidad de ganar en grande. La estrategia inconsciente que tienes en juego es incierta, ya que a menudo puede ser dictada por un secuestro emocional inconsciente. Pero, afortunadamente, nuestros hijos son el espejo en el que podemos mirar y descubrir!

No hace mucho, estábamos muy molestos con Amelina porque continuamente decía que todo era molesto a menudo acompañado de un ligero suspiro. Le pedimos repetidamente que parara, lo cual obviamente no era útil. Sólo cuando dimos un paso atrás y reflexionamos, descubrimos que probablemente se debió a que ambos tuvimos el mismo mal hábito sin ser conscientes de ello.

Ahora tuvimos la oportunidad de apoyarnos mutuamente para encontrar otro hábito, y sabíamos que ya no necesitábamos articular las declaraciones de Amelina. Eso probablemente ocurriría por sí solo, cuando nosotros mismos hubiéramos cambiado de estrategia.

¿Qué malos hábitos y características tiene su hijo?
¿Qué hace tu hijo que te molesta?

En la respuesta puede encontrar la clave para su propio comportamiento y estrategias, lo que puede ayudar a usted y a su hijo.

> **Mostrar confianza a su hijo es una de las herramientas más fuertes que puede utilizar para fortalecer la autoestima de su hijo.**

CONFIANZA

Creemos que la confianza es una de las características humanas básicas, y es crucial para la calidad en nuestras relaciones. Al mismo tiempo, la confianza es una de las propiedades que está más expuesta al ataque en la vida.

Cuando un niño nace, tienen una confianza ilimitada de que el mundo es bueno. Cuando uno de nuestros amigos hizo bautizar a su hijo, el pastor dijo algo que golpeó la marca: "Cuando el bebé llora, realmente está haciendo una pregunta. Él está preguntando si el mundo es bueno. ¡La respuesta depende de si vienes y consuelas a tu hijo o no! "

Cada vez que, como seres humanos, experimentamos fracasos, grandes y pequeños, inconscientemente, pero seguramente, cambiamos nuestra aproximación al concepto de confianza. Poco a poco, empezamos a aprender de nuestros fracasos, y podemos elegir la desconfianza en lugar de la confianza. Desconfianza del mundo que nos rodea y de las personas con las que nos asociamos; Desconfianza de nuestros colegas, familia y, quizás también, nuestro hijo.

Así que la primera vez que su hijo no está a la altura de su confianza, usted responde con desencanto después de una lógica inconsciente: "Bueno, hay una persona más, no puedo confiar."

LA CONFIANZA ES PODEROSA

Cuando nos encontramos con desconfianza, podemos sentirlo. Nos hace sentir inferiores, ansiosos, preocupados e inseguros de nosotros mismos. Este es también el caso de su hijo.

Si esto no ha sucedido todavía, entonces casi seguramente sucederá: un día, su hijo no cumplirá con sus (posiblemente) altas demandas, y será fácil inconscientemente responder con desconfianza.

Sin embargo, usted tiene una opción, y que es seguir mostrando a sus hijos una confianza ilimitada a pesar de ser decepcionado por su no estar a la altura de sus expectativas. Las decepciones están de hecho relacionadas con sus normas y su visión del mundo, y tal vez su hijo está en el proceso de desarrollar sus propios estándares y cosmovisión.

Mostrar la confianza de su hijo es una de las herramientas más fuertes que puede usar para fortalecer la autoestima de su hijo. Podemos sentir cuando alguien nos muestra una gran confianza. Calienta nuestras entrañas en los días más fríos.

Desde cuando Amelina era muy joven, le gustaba ir a explorar por su cuenta en las tiendas que entramos. Al principio, pensamos en todo lo terrible que podía pasarle, pero, por otro lado, no habíamos leído muy a menudo sobre niños que desaparecieron en las tiendas. Por lo tanto, muy pronto, dimos permiso a Amelina para explorar tiendas. Sólo teníamos una regla clara: "debes permanecer en la tienda!" (En lugar de "no debes salir de la tienda.")

Podemos decidir por nosotros mismos, si vamos a mostrar, no sólo a nuestros hijos, si no al mundo que nos rodea, una gran confianza o desconfianza.

Al principio, nos turnábamos para mantener un ojo discreto en Amelina, pero ella estaba demasiado ocupada explorando todos los pasillos de la tienda. Pronto vimos que ella estaba a la altura de nuestra confianza. Era un acuerdo mutuo y todos nos quedamos en la tienda hasta que estuvimos todos listos para dejarlo. Amelina aún no tenía cuatro años, pero la dejamos en tiendas de todo el mundo.

Amelina sabe en lo profundo de su corazón que hemos depositado una confianza muy alta en ella, y nunca ha abusado de ella.

Si decidimos mostrar la desconfianza mundial, hay una gran posibilidad de que, una y otra vez, nos decepcionen y, por lo tanto, seguirá eligiendo la desconfianza. Aquí creemos en lo peor y así es lo que experimentamos en el mundo.

Si, por otro lado, decidimos mostrar la confianza del mundo, entonces sólo podemos estar decepcionados de vez en cuando, ya que creemos que los mejores y por lo tanto son gratamente sorprendidos. Tenemos lo que nos centramos en!

Esto también se aplica a nuestros hijos.

NO ABUSAR DEL EGO

Como escribimos al comienzo de este libro, a menudo pensamos en nuestros hijos como proyectos; Proyectos con un peligro inminente de volverse egocéntrico, despiadado y buscando atención:

♦ **Cuanto más atención nuestros niños consiguen, más adictivo se vuelve.**

♦ **Cuanto más cuidemos a nuestros hijos, más exigen.**

♦ **El enfoque más exagerado de sus necesidades, más despiadados se convierten.**

♦ **Cuanto más seguros de sí mismos son los niños, más egocéntricos y obsesivos se vuelven.**

♦ **Cuanto más eliminamos los problemas de nuestros hijos, más frágiles se vuelven.**

En otras palabras, aunque nosotros, con las mejores intenciones, ofrecemos a nuestros hijos lo mejor que podemos y tenemos, puede llevarlos a desarrollarse como niños y jóvenes insoportablemente egoístas e implacables, a quienes nadie puede afrontar.

Por lo tanto, el enfoque, la atención, la generosidad y las buenas intenciones deben ser equilibrados por algo que asegure que nuestros hijos también desarrollen algunas de las habilidades sociales cruciales que hacen que sea más fácil para ellos mismos y para otros a tratar con ellos ahora y en el futuro.

Es de hecho su desarrollo del cerebro que hace que los niños se preocupen por sí mismos y sus propias necesidades a menudo hasta los 20 años. Cualquier comportamiento que se desvíe de esta regla es aprendido y no una expresión de comportamiento natural.

Afortunadamente, no es difícil aprender un comportamiento diferente. Requiere una conciencia y congruencia con sus padres. Y luego sólo el trabajo persistente! El contrapeso a todas las cosas llamativas, lo que hemos enumerado anteriormente es un cóctel de los ingredientes enumerados a continuación.

Ponemos demandas a nuestros hijos: pequeñas tareas para las cuales reciben una pequeña recompensa. Descubren que pocas cosas en la vida, excepto el amor, son "libres" y que si exigen algo de nosotros, entonces exigimos algo de ellos.

En la vida cotidiana, nos esforzamos por mantener nuestras decisiones hasta que descubrimos que están equivocadas, y luego nos apegamos a las nuevas decisiones.

En situaciones donde los niños (naturalmente) sólo ven las cosas desde su perspectiva, les ayudamos a ver las cosas desde la perspectiva del otro, para permitirles experimentar la situación desde una perspectiva diferente a la suya.

Estamos haciendo todo lo posible para equilibrar la forma en que tratamos con nuestros hijos, por lo que no sólo son tratados como individuos, sino también como parte de un grupo, en el jardín de infantes o en una fiesta.

Aquí nosotros, como padres, tenemos un desafío difícil, porque nos duele cuando nuestros hijos sufren. No vamos a resolver sus conflictos y problemas para ellos, pero vamos a ir a los extremos para ayudarlos a resolverlos. Hay una tremenda diferencia entre los dos enfoques, y las consecuencias son la autoestima, el orgullo, la propiedad y la resiliencia.

Los niños creen que sus necesidades son las más importantes. Eso no es tan extraño dado que muchos adultos también lo hacen. Tenemos un fuerte enfoque en nuestras necesidades y creemos que son tan importantes como los de nuestros hijos. Es sobre la edad de los adultos, no tener que jugar cuando no queremos jugar, tener paz para leer el periódico, los niños no nos interrumpen cuando nosotros y otros adultos estamos hablando, y los niños sabiendo y aplicando reglas sociales comunes, como saludando a las personas y diciendo gracias por la comida.

Creemos que haciendo todo lo posible para construir la autoestima de nuestros hijos, pueden relajarse tanto en sí mismos que tienen más energía para los demás.

Nuestro comportamiento como padres es el factor crucial para el comportamiento de nuestros hijos. Si nosotros, como padres, somos egoístas o excluimos a otros, entonces existe una posibilidad muy alta de que nuestros hijos sean como nosotros. Cuanto más respeto nos demos, como padres, el uno al otro y los demás, y cuanto mejor hablamos de otros cuando no están presentes, más probable es que nuestros hijos desarrollen las mismas competencias inclusivas y sociales.

MANEJAR LOS CONFLICTOS DE BUENA MANERA

¿Sabes cómo se siente ser echada en jaque por un niño de seis años? Nuestros niños a menudo nos secuestran emocionalmente durante los conflictos con ellos. A pesar de que sabemos que todos los adultos trabajan tan duro para conseguir la última palabra!

Pero, ¿cuál es exactamente la intención positiva de los niños de boicotear las verduras, llevar una falda de tul en invierno o llegar a la mesa diez minutos después de haberlas llamado?

Creemos que algunos conflictos son buenos, porque ayudan a los niños a desarrollarse y crear nuevas formas de pensar ¡especialmente cuando tienen que recuperarse de nuevo! Sin embargo, muchos conflictos son innecesarios, drenando la energía positiva y el sentido de comunidad de la familia. Usted puede erradicarlos fácilmente de su vida.

Aquí puede leer lo que realmente y completamente presente puede lograr

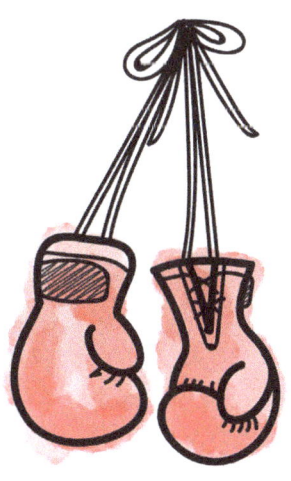

EL TRIÁNGULO DEL DRAMA

Una de las dinámicas más derrochadoras e insalubres que se puede infiltrar en una familia, y otras relaciones de las que usted o su hijo son parte, es "The Drama Triangle".

El triángulo del drama es así llamado porque es un drama que se desarrolla en el que hay tres participantes, aunque sólo dos están realizando.

Seamos claros: no es seguro que estés involucrado en un triángulo dramático en este momento, pero es muy probable que en algún momento estuvieras, y que serás de nuevo.

Algunas personas viven toda su vida en triángulos de drama, mientras que otras simplemente participan como invitados.

¿QUÉ HACES?

Si usted está involucrado en un triángulo, entonces es muy probable que su hijo también lo esté. Los triángulos en los que participamos como niños son los que pueden tener el impacto más negativo en nuestras vidas como adultos.

El triángulo dramático tiene los siguientes actores: la víctima, el salvador y el perseguidor

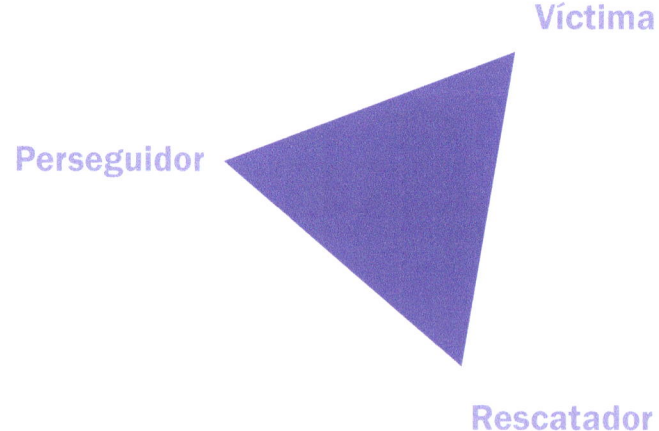

Víctima

Perseguidor

Rescatador

LA VÍCTIMA

Lo característico de la víctima es que todo es culpa de los demás. La víctima culpa a las cosas negativas en su propia vida, en la de alguien que no sea ellos mismos: sus padres, su pareja, el vecino o el gobierno. Ellos no asumen ninguna responsabilidad por su propia vida, sino que creen que como otros los han puesto en una situación desesperada, sólo ese "otro" tiene el poder de liberarlos de dicha situación. Sin embargo, si alguien logra sacarlos de una situación desesperada, otra causa externa aparece en primer lugar, de nuevo permitiéndoles evadir la responsabilidad.

La víctima es típicamente reconocida por declaraciones como: "No puedo desarrollarme a mí mismo por culpa de mi jefe", "ella no me entiende", "no puedo ... yo mismo", "no es culpa mía", "con este gobierno nunca conseguiré un trabajo " y " tengo que hacer todo yo mismo ".

El RESCATADOR

Los rescatistas lo ven como su deber primordial de salvar a todos a su alrededor. Al principio, esto suena simpático, pero lo hacen inconscientemente para ganar el reconocimiento de los demás. Buscan la sensación de éxito. El reconocimiento de otros es su combustible, y, por lo tanto, viven sus vidas basadas en las premisas de los demás, en lugar de cuidar de sus propias necesidades. Se alimentan de los nutrientes que están en reconocimiento. Los equipos de rescate son, por lo tanto, muy controlados externamente. La opinión de otros pueblos de ellos es mucho más importante que lo que ellos piensan de sí mismos.

"Afortunadamente" hay muchas víctimas llorando por ayuda, por lo que los rescatistas suelen encontrarse trabajando en servicios sociales y de salud, o como algún tipo de terapeuta.

Los rescatistas son tan expertos en involucrarse y aceptar los problemas de otros que pueden evitar tratar sus propios problemas. A menudo escuchas a los rescatistas haciendo declaraciones compasivas como: "es difícil para ti", "sólo estoy tratando de ayudar", "lo haré" y "déjame arreglarlo para ti".

Sin embargo, no es sólo en el sector de la atención que se encuentran los rescatistas. Se encuentran en muchos otros lugares de trabajo y en la vida cotidiana.

EL PERSEGUIDOR

Los perseguidores son un poco más complejos, porque pueden tomar dos formas: una negativa y otra que parece positiva. En la forma negativa, a menudo son amargos e irritados con otros, porque, por ejemplo, los otros no han cumplido con sus expectativas. Los perseguidores son reconocidos por declaraciones como: "¡Si quieres que algo se haga bien, tienes que hacerlo tú mismo!", "¡Solo tienes que ponerte al día ahora!", "¡No es suficiente!" Y "no has puesto tu plato en el lavaplatos otra vez!"

En el aspecto aparentemente positivo, un perseguidor puede ser experimentado como más positivo, pero utilizan la culpabilidad como un arma muy eficaz para mantener su posición de poder sobre otros. Pueden, por ejemplo, decir cosas como: "¿cómo puedes decir eso cuando sabes cuánto me duele?" Y "Todo lo que quería era una noche agradable y tranquila".

En el extremo, los perseguidores abusan de sus cónyuges. Usted puede haber oído a otros decir "pero él es sólo una pobre cosa a sí mismo" y eso es exactamente lo que es.

RADAR DE UNA VICTIMA

Todos tenemos un papel predilecto para esos triángulos dramáticos en los que participamos, y los "visitamos", según la frecuencia con la que participamos en un triángulo dramático: algunos sólo raramente pero otros, con más frecuencia, ya que viven la mayor parte de sus vidas en un "Triángulo del drama".

En realidad, los tres papeles son víctimas, sólo con una expresión diferente. Son víctimas de ellos mismos y de los demás.

Existe una atracción mutua muy fuerte que permite a los rescatistas encontrar fácilmente víctimas, porque se encuentran en todas partes, y claman por ayuda. Y esos gritos de ayuda son claros para cualquiera

Los tres roles son víctimas, sólo con una expresión diferente. Son víctimas de sí mismos y el uno del otro.

que tenga un radar para las víctimas. La víctima también es muy buena en detectar un rescatista, y por lo tanto la relación se pone en juego.

El salvador puede fácilmente, y de hecho es el único, que puede percibir a un perseguidor como una víctima, y les encanta salvarlos, a pesar de que reciben repetidamente abuso verbal o físico. A los perseguidores les encanta castigar tanto a los rescatistas como a las víctimas, ya que viven muy bien ante el sentimiento de inadecuación del perseguidor.

Así, el drama está bien y verdaderamente vivo, y si uno de los partidos desaparece, uno nuevo los reemplaza casi inmediatamente.

LOS ROLES CAMBIAN SEGÚN ES NECESARIO

Los tres roles son increíblemente interdependientes y lejos de estar estáticos. Pueden invertirse a voluntad: por ejemplo, un perseguidor puede cambiar entre el papel de perseguir y ser víctima: "Lo siento, cariño, no lo quise decir, mi trabajo me hace estar tan deprimido".

De hecho, nos movemos con frecuencia alrededor del triángulo, dependiendo de la relación en la que nos encontremos o de lo que está sucediendo en nuestras vidas. Cuando pasamos por una crisis de la vida, es fácil convertirse en una víctima. Y cuando otros que nos importan están enfermos, que a menudo resalta en nosotros.

El problema principal con los triángulos dramáticos es que engendran relaciones insalubres e inapropiadas de dependencia mutua de tal manera que conservamos ciertos roles, que habitamos una y otra vez, y asi volvemos al mismo triángulo dramático.

Cuando el salvador salva a una víctima diciendo: "es una lástima por ti, déjame ...", el salvador está haciendo lo contrario de lo que es apropiado. Permiten a la víctima permanecer en el papel de víctima, en lugar de apoyar a la víctima a asumir la responsabilidad de sus propias vidas. El salvador no puede arriesgarse a hacer esto, ya que entonces perdería a su víctima, y eso nunca es apropiado en la lógica enfermiza del triángulo dramático.

¿En qué papel te ves a ti mismo con más frecuencia?

NIÑOS EN EL TRIÁNGULO DEL DRAMA

Pero, ¿por qué deberíamos dirigirnos al triángulo dramático en relación con nuestros hijos? Debemos abordarla porque los niños son inadvertidamente atraídos hacia los triángulos dramáticos de sus padres inconscientes (y otros) y, por tanto, desarrollan comportamientos inapropiados, que pueden permear sus relaciones y pueden limitarlos radicalmente más tarde en la vida.

En las familias decididamente disfuncionales donde, por ejemplo, la madre sufre de alcoholismo, y desde muy temprana edad, el niño tiene que asumir la responsabilidad tanto de su madre como de sus hermanos menores, está casi predeterminado que el niño entrará en la profesión de cuidado más tarde en la vida. El niño será co-dependiente, con acceso limitado o ningún contacto con sus propios sentimientos y necesidades, una condición que requiere terapia para conciliar.

No es un requisito previo que una familia sea disfuncional para establecer triángulos de drama. De hecho, la mayoría de los padres tienen uno o más triángulos dramáticos en juego en diferentes momentos durante la crianza del niño.

Imagine un padre que está desempleado. Desarrolla una mentalidad de víctima. La madre adquiere el papel de salvador, pero cambia gradualmente al papel de perseguidor. El niño debe escoger los lados y convertirse en el salvador del padre. Eventualmente, el padre vuelve al empleo, tal vez renunciando a su papel de víctima. El niño, sin embargo, conserva su mentalidad de salvador "seguro", nunca aprendiendo cómo tratar o manejar las cosas por sí mismos.

UNA INFANCIA AL MARGEN

Otro ejemplo es la familia "comportarse". Aquí se requieren exigencias de altos estándares de exactitud y perfección. El niño es severamente reprendido por la madre-perseguidor y tal vez también por el padre cuando hacen algo "incorrecto". El niño escoge rápidamente una vida segura como víctima en las líneas laterales; Ellos pueden "nunca hacer nada bien". Es el contrario directo de la intención de los padres. O como un salvador, hacen todo para complacer a los padres estrictos y así ser controlados externamente. Se vuelven tan controlados externamente que, como adultos, no saben quiénes son realmente y lo que realmente les da valor.

Del mismo modo, una madre rescatadora que elimina todos los obstáculos para su hijo ideal, con las mejores intenciones, hace que el niño sea tan "no responsable" que crezca y se convierta en una víctima dependiente que siempre culpa a los demás por su desgracia. Esto no fue ciertamente la buena intención, que motivó las acciones de la madre.

Los niños se mantienen indiscutiblemente dentro de triángulos dramáticos mientras que los padres (y otros) los rescatan continuamente de todos los obstáculos en la vida (que, a su vez, hace que el niño se sienta culpable), los convierte en conflictos entre los padres y los critica excesivamente.

Si usted se reconoce como participar en un triángulo de drama, es inútil preguntar si su hijo también lo es. Simplemente: son!

Usted ha participado indudablemente en triángulos del drama, aunque inconscientemente. Ahora la única pregunta que queda es por cuánto tiempo. ¡La decisión es tuya!

Si usted se reconoce como participante en un triángulo dramático, no tiene sentido preguntarse si o no su hijo lo está también. En pocas palabras: ¡lo está !

SALIR DE LA SOMBRA DEL TRIÁNGULO

Afortunadamente, la ruptura de triángulos de drama se logra a través de un método muy directo. ¡Es un proceso sencillo de cuatro pasos y ya has alcanzado el paso dos! Hay, sin embargo, casi siempre algunas complicaciones.

Paso 1:
trata de entender la existencia y la naturaleza de los triángulos de drama. Este es un requisito previo para resolver su participación inconsciente en un triángulo.

Paso 2:
se trata de aumentar su conciencia de los triángulos que le rodean. Consideramos que habiendo completado el paso 1, será relativamente fácil para usted identificar triángulos en algunas de las relaciones a su alrededor. El día que ya no los veas es una clara indicación de que has perdido la conciencia de ellos. Por lo tanto, tendrá que volver a este paso. Su conciencia puede ayudarle a identificar los triángulos en los que participa, completando así el segundo paso.

Paso 3:
se trata de decidir conscientemente. Una decisión tiene consecuencias. Aquí es donde el proceso puede llegar a ser complicado. Cuando conscientemente decide retirarse de un triángulo dramático, es una decisión que de un solo golpe puede cambiar un comportamiento que ha tenido desde que fue atraído hacia el triángulo dramático particular en la infancia. Puede significar confrontación o confrontación en relaciones cercanas. También puede requerir que se centre totalmente en su nuevo comportamiento hasta que se sienta cómodo en su nuevo papel fuera del triángulo. Esto puede significar confrontar aspectos de lo que "usted cree" (por ejemplo, "¡Sólo estoy ayudando a mi hijo!").

¿Estás listo para tomar esa decisión?

Paso 4:

se trata de salir de la sombra del triángulo. Es, con mucho, el paso más fácil. Salir significa hacer lo contrario de lo que se espera o predice de usted en esa situación. El truco entonces es permanecer fuera del triángulo, a pesar de la lógica del triángulo que dicta que los jugadores restantes, inconscientemente, hacen todo en su energía de dibujarle detrás en el triángulo. Puede ser un reto para ellos son las personas que amas. La víctima llamará inconscientemente a gritar más del fiscal o de repente se sienten mal por llamar al rescatador de nuevo. Los fiscales alternarán entre el uso de la culpa y las amenazas para recuperar a la víctima y al rescatista.

AFORTUNADAMENTE NIÑOS NATURALMENTE RESISTEN A LOS TRIÁNGULOS DEL DRAMA

Un escenario de triángulo dramático común es una hija adulta que rompe el papel del rescatista en relación con su anciana madre, que, a cambio, cobra los ahorros de una vida de "armas". Presiona todos los botones correctos e incluso puede amenazar con suicidarse Para recuperar a su hija "en el camino".

¡Eso es lo fuerte que es la dinámica del triángulo dramático!

De hecho, es vital que comprobemos continuamente si nuestros hijos, aunque inconscientemente, entran en triángulos alrededor de ellos, sea para el resto de su familia, amigos o maestros. ¡O incluso usted!

Afortunadamente, los niños tienden a resistir naturalmente la participación en triángulos de drama hasta que su resistencia es superada por la fuerza superior. Aquí es esencial que discernamos si nuestros hijos están prosperando como deben ser y discutir con ellos.

El método más sencillo de discernir esto es escuchando señales de "triángulo-charla de rol" cuando el niño habla en la compañía de ustedes o de otros. Declaraciones similares a:

"No es mi culpa. ¡Son los otros! "- Víctima
"¡Ella nunca hace lo que digo!", "¡Es tan estúpido!" - Fiscal

Prestar atención excesiva a otros y lo que otros piensan son características tempranas del rescatista.

Es probable que escuche algunos signos lingüísticos de comportamiento triangular de su hijo todos los días. Es muy natural como los niños aprenden a navegar en sus emociones. Sólo cuando existe una clara preferencia hacia una forma particular de comunicación, ¿es apropiado comprometer o cuestionar las declaraciones? Una forma de hacerlo es con el reencuadre .

CUANDO ERES SECUESTRADO POR TUS EMOCIONES

La reacción emocional automática es exactamente eso: automática y, por lo tanto, no fácil de controlar. El punto es que el sentimiento automático en sí solo dura unos segundos. Algunos investigadores dicen que sólo unos seis segundos. A partir de entonces, es usted quien decide permanecer en ese sentimiento, o reemplazarlo por otro más beneficioso.

Cuando "elegimos" permanecer en una emoción, nosotros, muy a menudo, significa que nos hemos convertido emocionalmente secuestrado. El secuestro emocional es un estado estático, que sólo es beneficioso para nosotros si somos secuestrados por una buena emoción, como caer en el amor. En el secuestro emocional negativo, podemos perder el acceso a nuestra racionalidad. Es posible que lo hayas experimentado diciendo algo, que después te arrepientes, incluso a tus hijos.

El secuestro emocional requiere dos actores, cada uno de los cuales tiene la misma responsabilidad por el secuestro: uno que hace el secuestro y otro que es secuestrado.

Tal vez usted tiene un amigo, un compañero o un niño que es realmente bueno en decir o hacer cosas que te hacen volar en una furia. Lo que están haciendo es secuestro! Por otro lado, hay otra parte que debe autorizar el secuestro. ¡Ese eres tú!

> *El secuestro emocional requiere de dos actores, cada uno de los cuales tiene la misma responsabilidad por el secuestro, es decir, uno que hace el secuestro y otro que es secuestrado.*

De hecho, no importa cuánto lo desee, no tiene una influencia decisiva en lo que dicen o hacen las personas. No puedes cambiar a la gente. Sin embargo, usted tiene una influencia crucial en cómo es secuestrado que desea hacer por su comportamiento.

PRIORIZANDO LAS FUENTES DE ENERGÍA

Ser emocionalmente secuestrado por nuestros hijos es una amenaza importante para aumentar nuestra conciencia de lo que es más apropiado para nuestros hijos. Nos hace perder energía, visión general, sentido común y conciencia. Y con ellos la oportunidad de reconciliación.

Es fácil hablar de energía, pero para tenerlo en abundancia en la vida cotidiana en una familia con niños pequeños es bastante difícil. Sin duda, los padres de tres niños pequeños, que no han dormido correctamente en dos años, creen y esperan que la energía sea algo que les regresará cuando los niños hayan crecido. Pero es un pretexto peligroso, porque la energía es esencial para el éxito en la crianza de los hijos. Ninguna de las técnicas y métodos descritos en este libro son de fácil acceso, si no tienes la energía para concentrarte en tu propia conciencia como padre.

La clave es priorizar lo que te da más energía: un piso pegajoso o niños felices y creativos que hacen recuerdos y los amigos siempre pueden ayudar a cocinar cuando vienen a cenar.

Mira cuánto tiempo pasas en cosas no importantes?
¿En qué podrías pasar tu tiempo

SU PROPIO OBSERVADOR PRIVADO

Somos particularmente susceptibles al secuestro emocional cuando estamos cansados, y por lo tanto, estar bien descansado es necesario en relación con el desarrollo mental de sus hijos.

Sin embargo, no es una ley natural que somos más susceptibles al secuestro emocional cuando estamos cansados. Más bien, nuestro estado cansado nos obliga a poner un mayor enfoque en la emoción deseadas. Por otra parte, es durante nuestro estado de cansancio que las oportunidades para practicar el control emocional vienen en abundancia. Y una vez que hemos dominado eso, ya no se preocupe por las cosas pequeñas!

Tanto usted como su hijo pueden practicar el control emocional con este pequeño ejercicio: imagine una pequeña versión de usted mismo en su hombro. Ellos son su propio observador privado. La próxima vez que usted es secuestrado emocionalmente, es la tarea de su observador examinar qué estado emocional usted está adentro, y preguntar si ese es el sentimiento que usted desea. Después de un poco de práctica, puede elegir la emoción que más le beneficia.

CONFLICTOS

Una cuestión que se nos pregunta a menudo, al dar charlas o facilitar talleres sobre Capacitación EmpowerMind para niños, es cómo manejar los conflictos. El conflicto es una cuestión que preocupa a muchos padres, ya que puede obstaculizar una buena relación e impedir la armonía en el hogar.

Obviamente, no hay una sola solución para evitar y resolver conflictos, ya que todos los conflictos son inherentemente únicos. Más bien, aquí ofrecemos algunas consideraciones generales, que podrían ayudarle a resolver los conflictos entre usted y su hijo o entre sus hijos.

Tenemos una cosmovisión que creemos es verdadera, de lo contrario habríamos elegido otra. ”

En primer lugar, es importante señalar que no es el conflicto mismo el problema, sino la forma en que manejamos el conflicto. Tenemos una tendencia a ver el conflicto como algo negativo, y eso es algo que nos gustaría desafiar. Los conflictos surgen cuando hay diferentes expectativas para una situación o diferentes opiniones sobre un tema.

En realidad, esto significa que cada uno aborda una cuestión o situación de conflicto desde el punto de partida de nuestra cosmovisión. ¡De eso se trata realmente el conflicto! ¡Por supuesto que es! ¿Dónde más, aparte de nuestra propia cosmovisión, empezaríamos? Tenemos una cosmovisión que creemos es verdadera, de lo contrario habríamos elegido otra.

Sin embargo, otros rara vez tienen la misma cosmovisión que nosotros, pero naturalmente experimentan su mundo para ser tan cierto como usted experimenta su mundo de lo contrario habrían elegido otro también.

CUANDO DOS MUNDOS CHOCAN

Es muy natural que cuando dos "verdades" sobre el mundo se encuentran, se emiten chispas. En realidad es algo positivo, porque es precisamente a través de conflictos o enfrentamientos con

otras cosmovisiones que nos desarrollamos como seres humanos.

Si nuestra cosmovisión nunca está en conflicto, entonces nuestra "verdad" se autoafirma: confirmamos que nuestra cosmovisión es la verdad, y por eso no nos desarrollamos. Los conflictos son, por lo tanto, cruciales para nuestro desarrollo como seres humanos.

Una pregunta esencial aquí es:

¿Quiere que su hijo se convierta en un clon de sí mismo con la misma visión del mundo que a ha acumulado a través de su vida ...?

¿O quiere que su hijo sea una persona independiente que construye su propia visión del mundo de su propia experiencia y la de los demás?

Si elige la primera, a continuación, entrar en conflicto con el objetivo de ganar, ya que cada victoria aumentará la clonación de sí mismo a menos que su hijo, en algún momento, decide rebelarse contra esto.

Sin embargo, si usted elige esto último, entonces los conflictos son oportunidades únicas, que ambas partes pueden debatir sus visiones del mundo. Si elige escucharse el uno al otro, es posible que ambos se conviertan en más sabiduría. Imagínese si su hijo estaba facultado para decirle que a veces no son razonables o que no siempre tiene una patente sobre la solución correcta.

El riesgo con cualquier conflicto es que los participantes pueden llegar a ser emocionalmente secuestrados y por lo tanto no actuar de manera adecuada. No es un hecho que su hijo se dejara ser secuestrado, ya que no es seguro que usted le ha enseñado todavía a su hijo a elegir sus sentimientos. Por otra parte, el niño "tratando" con las distintas emociones y sus consecuencias es vital para su navegación en la vida, y es cuestionable si es apropiado para su niño para aprender a refrenar sus emociones tan rápidamente.

LOS NIÑOS EMPUJAN NUESTROS LÍMITES A SUS LÍMITES

Usted no está en la misma situación que su hijo. Afortunadamente, ahora sabes cómo manejar el secuestro emocional, así que si un conflicto se agrava entre tú y tu hijo, puedes reconocerlo como una retroalimentación que te has dejado ser secuestrado, a pesar de tus nuevos conocimientos. Comentarios como este es una gran oportunidad para el entrenamiento de su conciencia para seleccionar las emociones apropiadas.

De hecho, los niños son, sin duda, jugadores persistentes, así que ¿qué mejores compañeros de entrenamiento podría desear?

Generalmente, los conflictos pueden clasificarse como resultado de lo siguiente:

1. Diferentes visiones del mundo
2. Nuestros hijos desafían nuestros límites
3. Conducta inapropiada de los padres

Si usted ve a su niño constantemente empujando los límites, puede ser debido a los límites que no están claros. O, en otras palabras, su hijo duda de la posición de las banderas de la esquina en su campo de juego.

Imagínese si su hijo estaba facultado para decirle que a veces no es razonable o que no siempre tiene una patente sobre la solución correcta?

Si jugamos en un campo que carece de banderas de esquina claramente demarcadas, nuestra reacción natural es mantener la pelota en juego tanto tiempo como sea posible, para descubrir cuánto tiempo podemos hacerlo antes de que el árbitro toque el silbato. Las banderas de esquina definidas son la mejor manera de evitar jugadores muy agitados. Así que antes de volar en una furia o darle a su hijo una tarjeta roja recuerde que su hijo, instintivamente y constantemente, desafía sus límites con la intención positiva de averiguar dónde está la línea. La mejor solución es que seas muy consciente de tus propios límites. Póngalos en silencio, suavemente y predeciblemente, cada vez. Y recuerde que cuando usted respeta los límites de sus hijos, ellos, a su vez, aprenderán a respetar los límites de los demás

LA INTENCIÓN POSITIVA

Los conflictos tienen muchos bonos. Casi con seguridad has experimentado que ocurren conflictos entre tú y tu hijo porque crees que tu hijo está haciendo algo que no debería. Vale la pena considerar que su hijo tiene una intención positiva para todo lo que hacen. Una vez que haya descubierto eso, también ha descubierto de qué se trata realmente y cómo navegar por él.

Los conflictos tienen muchas bonificaciones. 🙶

El otro día, nos encontramos con una madre que desesperadamente nos dijo que su hijo de dos años era constantemente difícil, molesto y desafiante durante la cena. Ella había intentado "todo lo posible" sin que ayudara.

Por supuesto, el niño de dos años era desafiante durante la cena, ya que su madre intentaba "todo lo posible". Hay razones para creer aunque no podemos estar seguros- de que la intención positiva del niño detrás de su comportamiento es descubrir la ubicación de las banderas de las esquinas. Un niño pequeño sólo puede descubrir la ubicación de sus banderas de esquina desafiándolos.

Así que cuando su madre intentó "todo", puede haber interpretado como las banderas de la esquina cambiar la ubicación en cada comida. En otras palabras, cada vez que preguntaba:

"¿Dónde están mis banderas de esquina para la cena?" Obtuvo una respuesta diferente.

¿QUÉ LOGRARÁ EL NIÑO?

Hay una técnica simple para descubrir las intenciones positivas detrás de los comportamientos de nuestros niños. Con un poco de práctica, se tarda sólo unos segundos.

La edad del niño determina la elección de la estrategia. A un niño mayor puedes preguntarle sobre su intención positiva. La pregunta puede parecer un poco extraña para ellos, por lo que puede empezar por ayudar a su hijo a entender el problema: "Cuando haces eso, ¿qué es lo que quieres lograr?"

Si es un niño más joven, que aún no tiene el lenguaje, entonces usted puede hacer algo más.

A menudo
hacemos la
peor cosa
posible,
intentamos
pensar que
podemos
resolver
conflictos,
en el que
nosotros
mismos
estamos
involucrados.

PÓNGASE EN LOS ZAPATOS DE SU HIJO

Tenemos una habilidad única como seres humanos para "ponernos en los zapatos de otros". Lo hacemos inconscientemente cuando pensamos: "Me pregunto qué piensa el director sobre esto?" Pero también podemos, muy fácilmente, hacerlo conscientemente. Usted puede ayudarse diciendo, "Ahora soy mi pequeño hijo de dos años, sentado aquí en la mesa". Luego, desde la perspectiva de su hijo, pregunte: "¿De qué se trata esto realmente?" O "¿Cuál es mi intención positiva de hacer lo que hago durante la cena?"

El comportamiento que puede parecer incomprensible desde donde nos encontramos y que nos impulsa a dar vueltas en círculos al intentar interpretarlo, puede explicarse ya sea preguntándole directamente al niño o "preguntándonos" cuando nos ponemos en los zapatos del niño. Pero tenga paciencia. Puede tomar algún tiempo antes de que la respuesta llegue a usted.

Del mismo modo, los conflictos centrados en que su hijo haga algo que no le gusta, son probablemente comentarios de que usted no ha sido claro en sus señales, o ha hecho algo a lo que su hijo está reaccionando, dado que nuestros hijos básicamente hacen lo que queremos. De hecho, nuestros niños hacen prácticamente cualquier cosa para estar a la altura de nuestras expectativas. Por lo tanto, no es necesariamente su hijo, quién tiene que alterar su comportamiento. ¡Es usted!

Una creencia fundamental de que nuestros hijos hacen lo mejor que pueden es una gran ayuda para evitar el secuestro emocional. ¿Cómo podemos estar enojados con un niño que hace lo mejor que puede?

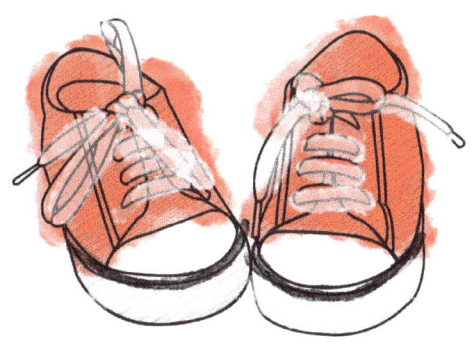

PRESENCIA COMPLETA

"Rapport" es fundamental para nuestro trabajo de apoyo al proceso de desarrollo en adultos. Un término francés (el '-t' es silencioso), que significa una relación buena y segura entre dos o más personas, donde hay confianza mutua e igualdad.

La buena relación es esencial para el entrenamiento y el entrenamiento de EmpowerMind. Si la relación está ausente de la relación, entonces el fundamento mismo para el desarrollo es inexistente. Sin relación, cualquier intento de apoyar el proceso de desarrollo falla.

Los seres humanos son increíblemente expertos en crear relación, y lo hacemos todo el tiempo. Cuando vas a un café con un buen amigo, no es mucho tiempo, antes de que ambos estén inclinados sobre la mesa, hablando en el mismo tono, siendo extremadamente atentos el uno al otro. Usted confía sin reflexionar sobre ello que usted está en un espacio confidencial. Eso es buena relación.

La relación sucede, naturalmente, cuando nos sentimos bien y estamos en compañía de gente con la que nos sentimos cómodos.

El punto es: porque sabemos esto podemos activamente hacer algo para crear relación. Esa es una premisa fundamental aprendida durante el entrenamiento como entrenador o capacitador de EmpowerMind. La relación puede establecerse y sostenerse de diversas maneras.

Garantiza una relación segura, de confianza y de igualdad con los demás y asegura el desarrollo y la comprensión mutua.

PRESENCIA, PRESENCIA Y PRESENCIA

También puede crear y disfrutar de la relación con su hijo. De hecho, es crucial para su relación y especialmente para prevenir y resolver conflictos potenciales.

Las situaciones de conflicto se caracterizan a menudo por las voces agudas, la irritación, la frustración, el rechazo y otros estados emocionales, que son los opuestos directos de una buena relación. A menudo hacemos lo peor posible que podemos pensar en un intento de resolver conflictos en los que nosotros mismos estamos involucrados.

El comportamiento de los padres que construye conscientemente la relación nos permite llegar a nuestros hijos. Es quizás el requisito previo más importante para un resultado positivo de cualquier conflicto.

Algunos ejemplos de lo que puede hacer:

Reflejo

Usted puede "reflejar" a su hijo, para que se sientan más cómodos y en casa en la situación. Podemos reflejar el lenguaje corporal, el tono de la voz, la respiración y la velocidad de habla. Podemos reflejar las palabras en el sentido de que repetimos algunas de las palabras clave que el niño usa. Esto hace que el niño se sienta comprendido y reconocido.

Sin embargo, es esencial distinguir entre "reflejar" e "imitar". El niño percibirá inconscientemente el espejo como positivo, mientras que sin duda experimentará imitar como algo negativo. Se necesita algo de práctica, porque al principio parece artificial repetir las palabras del niño.

Hable con los sentidos

Dependiendo de qué sistema de representación estemos utilizamos, entendemos diferentes "lenguas". Comunicarse con el niño, usar su sistema preferido de representación es la construcción de la relación, mientras que al revés rompe la relación. Usted tiene una ventaja aquí cuando descubrió el sistema de representación preferido de su hijo más temprano .

Reconocimiento

Reconocer a su hijo es particularmente construir relación. Puede sonar lógico y trivial, pero es algo que fácilmente olvidamos. Usted puede reconocer a su hijo "sin esfuerzo" por estar presente, escuchando atentamente, asintiendo y haciendo acordar sonidos a lo que dicen. Recuerde que la alabanza y el reconocimiento son dos cosas diferentes.

Usted también reconoce a su hijo con pensamientos, lenguaje y lenguaje corporal que les muestra que los ama; Probablemente la cosa más de construcción de relación que puedas hacer.

Ser congruentes

Eres congruente cuando hay consistencia entre lo que piensas, lo que dices, lo que muestras y lo que haces, la relación ocurre naturalmente entre tú y tu hijo.

Para ser provocativo, en nuestra industria, ponemos los dedos sobre él: todos y cada uno de los conflictos se deben a una falta de compenetración. Los niños son en realidad campeones del mundo en la creación de la relación, pero no podemos esperar que siempre tienen la energía para crear conscientemente relación con los padres. Por lo tanto, debemos entrenarnos para ser mejores en hacerlo.

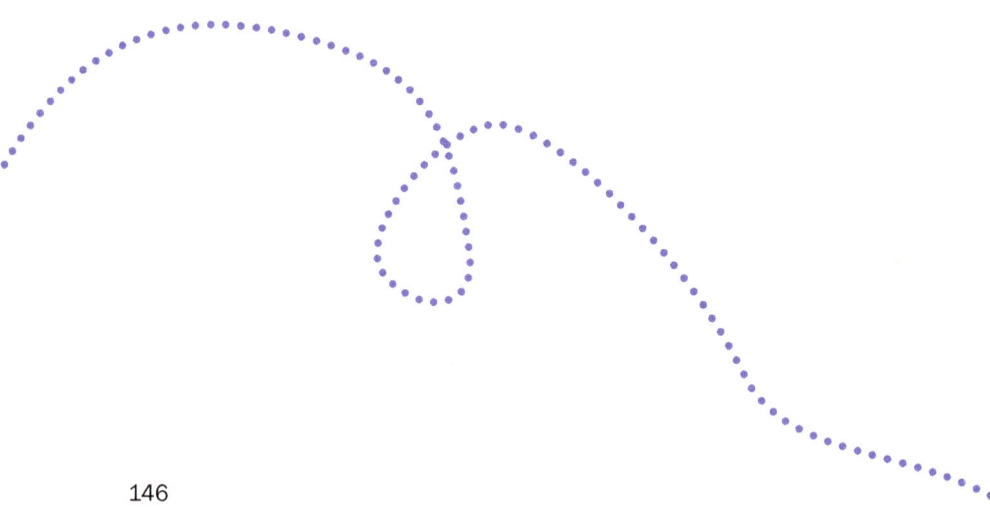

CÓMO COMENZAR

Si elige abordar la optimización de su conciencia paterna, entonces usted necesita ser consciente de las consecuencias.

En primer lugar, muy pronto se sentirán incómodamente conscientes de lo que otros padres le dan a sus hijos en términos de decisiones mortales y consecuencias, declaraciones y acciones, ¡a pesar de sus mejores intenciones!

Una palabra de precaución: la crianza de los hijos es una de las áreas más difíciles de desafiar. Por lo tanto, tenga cuidado de no ser un sabe lo todo. Piense en lo desafiado que ha sido por parte de lo que ha leído en este libro. Todos hacemos nuestro mejor esfuerzo, y naturalmente pensamos que lo que estamos haciendo es correcto para nuestros hijos.

Por lo general, es más fácil, si mostramos nuestra propia vulnerabilidad en la crianza de los hijos. 🙿

Una gran manera de compartir el aprendizaje y el conocimiento con los demás es compartir lo que has hecho y por qué has elegido esa acción. Otros padres pueden entonces evaluar por sí mismos si es algo que quieren inspirarse. Por lo general, es más fácil, si mostramos nuestra propia vulnerabilidad en la crianza de los hijos. De esa manera evitamos ser percibidos como importantes y autoproclamados campeones de la paternidad.

EL NIÑO PUEDE TENER UN CHOQUE CULTURAL

Su hijo puede confundirse cuando cambia de estrategia. Esta es una reacción natural. Como seres humanos, nosotros (y esto se aplica igualmente a jóvenes y viejos) somos increíblemente expertos en acostumbrarnos a las personas que nos rodean es de cierta manera.

Así mismo, la inseguridad resulta rápidamente cuando las personas actúan de manera diferente.

Por lo tanto, si usted comienza a usar las técnicas de este libro, puede, dependiendo de la edad de su hijo, encontrar resistencia. Es, como dijimos, un instinto natural y no significa que lo que estás haciendo no está funcionando! Más bien, implica adherirse a su estrategia y no abandonar su esfuerzo demasiado rápido, porque una cosa es cierta::

> Si haces lo mismo mañana como lo hiciste hoy, entonces hay una gran probabilidad de que nada cambie.

A cambio, su perseverancia será recompensada con la aceptación de sus hijos de la nueva estrategia. Nuestros hijos nos aman más que nada en la tierra. Están acostumbrados a nuestras peculiaridades, y así lo aceptarán como todo lo demás que hacemos. Una vez que lo han aceptado, entonces usted puede introducir las técnicas en este libro con la razón, el momento, la conciencia y el sentimiento.

Jørgen y yo hemos introducido deliberadamente y consistentemente los principios de este libro a Amelina, ya que era muy joven. Si comienza mañana con un niño mayor, vale la pena recordar que el cambio significativo y continuo rara vez ocurre en un día. Un cambio cultural completo de un día a otro, probablemente, proporcionará más resistencia y frustración a todas las partes de lo que vale.

Por lo tanto, recomendamos que, como padres, se sienten, en paz, con simpatía, y discutan las siguientes preguntas en detalle:

♦ ¿Qué en este libro es el punto culminante para usted? Es decir, ¿cómo puede usted, a partir mañana, hacer algo un poco diferente que resultará en un cambio rápido y positivo?

♦ ¿Qué cosas introducirás entonces, en qué orden y con qué escala de tiempo?

♦ ¿Cómo te ayudarás mutuamente a recordar lo que has acordado?

♦ ¿Con qué frecuencia "se reunirá durante una taza de café" y reflexionará si lo que está haciendo está funcionando como estaba previsto o si hay algo que necesita ser ajustado?

♦ ¿Cuánta atención está dispuesto a invertir en su nuevo estilo de crianza para sus hijos?

El acercamiento de *EmpowerMind* a nuestros niños no es un universal. Pronto descubrirá donde *EmpowerMind* técnicas y herramientas son útiles, y donde sólo tiene que consolar a un niño infeliz. Más tarde, cuando el conflicto se haya calmado quizás a la hora de acostarse puede ser el momento de hablar de ello, con buena relación, presencia completa y conciencia lingüística de su parte. Por lo tanto, la creación de tremendo cambio positivo para su hijo y para su relación.

También puede ser un desafío para usted cuando, en breve proceso, su hijo es más reflexivo y más independiente.

La retroalimentación de su hijo es un efecto positivo de esto. Pueden darle retroalimentación sobre lo bien que está lo haciendo como padre, porque su resistencia automática se sustituye por una mayor conciencia. Cuando uno de nosotros se vuelve demasiado arrogante con Amelina, ella responde instantáneamente con un movimiento de los ojos que envía un mensaje muy preciso de que hemos cruzado la línea.

Así que sonreímos de manera desarmadora y caminamos con orgullo lejos con la certeza de que Amelina ha conservado su integridad, a pesar de nuestros numerosos desafíos a su cosmovisión.

La confianza, la responsabilidad, la propiedad y la influencia permiten a las personas, jóvenes y mayores, crecer y desarrollarse. Afortunadamente, también crea más alegría en la vida cotidiana, genera mayor autoestima y aumenta la confianza en sí mismo.

¿Qué más podríamos desear como padres?
?

HACEMOS LO MEJOR QUE PODEMOS - PARTE II

Hacer lo mejor que podemos es más allá de la crianza de los hijos. También se aplica a nuestros hijos.

Como padres, tenemos una creencia increíblemente fuerte de que nuestros hijos siempre hacen lo mejor posible bajo las circunstancias. Esta creencia básica de apoyo es una herramienta de crianza muy eficaz, porque nos hace ignorar los "errores" que cometen nuestros hijos. Puede ser muy difícil enojarse y regañar a alguien que está haciendo su mejor esfuerzo. En realidad es más fácil perdonar a los demás por sus acciones casi "inexcusables" cuando elegimos esa creencia central.

Y es precisamente esa creencia fundamental que nos envuelve en cada mañana, antes de enfrentar el nuevo día con su nueva agenda para nuestros hijos. Se están desarrollando todo el tiempo, y no necesariamente pensando en cepillarse los dientes y salir a la puerta a tiempo. Hay una cantidad infinita de metros cuadrados de nosotros, de nuestra mejor tela sobrante para envolvernos a nosotros mismos, así que tome la cantidad que necesita..

EL CAMBIO NECESITA ANCLARSE RÁPIDO

Si, después de leer este libro, puede elegir redefinir su papel como padres, utilizando las técnicas y herramientas de EmpowerMind, participando, escuchando y siendo padres conscientes, entonces usted necesita ser consciente de las consecuencias para su identidad parental. Es exactamente lo mismo para los gerentes, que eligen el estilo de gestión de coaching. ¡Es un viaje al limbo!

> *Es bastante fácil decir, 'eso es lo que voy a hacer', pero es algo más que realmente hacerlo y 'vivirlo'.*

Nuestro comportamiento está profundamente conectado con lo que creemos y, por lo tanto, es un requisito previo que realmente creas en el fondo que el enfoque que hemos presentado en este libro es el "correcto" para ti.

Podemos imaginar y pretender por un buen tiempo, pero si realmente queremos hacer cambios tanto para nosotros como para otros entonces el cambio necesita anclarse rápidamente en nuestros valores, creencias y comportamiento. Ahí está la clave.

UN ACCESO DIRECTO A NIÑOS FELICES

Creemos que el aprendizaje se puede encontrar en la acción. Por ejemplo, leer este libro sólo puede dar una visión, no aprender. Si está listo para convertir sus nuevas ideas en aprendizaje real, entonces debe comenzar, en la práctica, con EmpowerMind participación de los niños. Tenga la seguridad de que después de un breve período de tiempo encontrará que usted tiene un acceso directo a los niños que funcionan bien, felices y resistentes, que tienen una alta autoestima.

El proceso, sin duda, resultará en perder el control y la sensación de poder sobre la situación. Cuando ya no es necesario gestionar, controlar, comprobar, decidir, asumir la responsabilidad y comentar, se crea un vacío, lo que toma algún tiempo para llenar con otra cosa.

Pero te prometemos que en vez de eso puedes deleitarte en una mayor conciencia y profunda alegría interior, sabiendo que ahora haces todo lo posible para dar a tus hijos las mejores condiciones posibles en la vida.

¡Disfruta y diviértete con el proyecto!

Le invitamos a ponerse en contacto con nosotros, si tiene algún comentario sobre este libro o le gustaría participar en un curso o taller sobre el desarrollo de los padres.

Ver más en:

www.tropåditbarn.dk

También se puede encontrar nuestros datos de contacto en nuestra página web:

www.empowermind.dk

www.ingramcontent.com/pod-product-compliance
Lightning Source LLC
Chambersburg PA
CBHW051316120626

46547CB00015B/2255